VIKTORIA FUCHS

Halb so WILD

FOTOGRAFIE: VIVI D'ANGELO

TEXTE: ANTONIA WIEN

südwest

INHALT

INHALT

Italienisch mediterran 147

Desserts 171

Fuchs am Tisch 187

Grundrezepte 218

VORWORT

LIEBE LESERINNEN UND LESER,

als wir unser erstes Kochbuch *Fuchsteufelswild* veröffentlichten, ging es um eine Momentaufnahme der ersten fünf Jahre im Spielweg – eine Sammlung von Rezepten, die unsere kreative Reise und unsere Liebe zur Wildküche widerspiegelte – sozusagen unser Masterpiece nach einer stürmischen und aufregenden Anfangszeit. Es war ein spannendes Projekt, durch das wir unsere neuen Wege und die Freude am Experimentieren gezeigt und vor allem viel gelernt haben. Mit all dem Wissen war die Arbeit am zweiten Buch nun doch etwas leichter und routinierter.

Nach der Veröffentlichung des ersten Buches und dem großen Erfolg kam eine Phase des Innehaltens. Wie sollte es weitergehen? Was würde als Nächstes kommen? Wir haben natürlich Feedback bekommen, und ich habe darüber nachgedacht, was ich wirklich möchte. Viele von euch fanden *Fuchsteufelswild* großartig und inspirierend, aber manchmal auch herausfordernd mit den vielen Zutaten und den nicht immer ganz einfachen Zubereitungsweisen. Weil es mein Ziel ist, dass sich unsere Gerichte auch wirklich ohne großen Aufwand zu Hause umsetzen lassen, habe ich mich entschieden, alles ein wenig zu vereinfachen: halb so viele Zutaten, halb so schwierig zu kochen, halb so wild eben. Es war mir wichtig, dass dieses Buch genauso zugänglich wie inspirierend ist. Statt sich auf Wildfleisch zu beschränken, bieten wir diesmal auch Huhn, Rind und Fisch an und natürlich auch vegetarische Gerichte, sodass für jeden Geschmack und jede Gelegenheit etwas dabei ist. Es gibt immer Alternativen, falls mal eine Zutat nicht verfügbar ist. Die Rezepte sind so gestaltet, dass sie auch im Alltag gut nachzukochen sind.

Die wunderbaren Fotos von Vivi erzählen weiterhin unsere Geschichte und fangen die Atmosphäre des Spielwegs ein. Wir haben unsere Familiengeschichte weitergeschrieben und zeigen, was in der Zwischenzeit bei uns passiert ist – was uns ausmacht, was uns antreibt und wie wir unsere Leidenschaft leben.

Halb so wild ist eine Einladung, unsere Welt zu erkunden, in die Freude am Kochen einzutauchen und die Küche zu einem Ort des Genusses und der Gemeinsamkeit zu machen. Lasst uns gemeinsam entdecken, wie einfach es sein kann, großartige Gerichte zu zaubern – mit weniger Aufwand, aber genauso viel Herz. Und wenn mal etwas nicht gelingt wie geplant – halb so wild. Es soll Spaß machen, Kochen funktioniert mit Humor besonders gut. Genießt das Leben und den Moment – dann ist alles gut.

Eure Viktoria

Johannes Fuchs
Viktoria Fuchs

ZEPTER ÜBERGABE

DIE GESCHICHTE GEHT WEITER

Seit dem letzten Buch sind ein paar Jahre vergangen. Es hat sich einiges verändert und doch ist vieles geblieben. Der Spielweg ist gewachsen, hat sich weiterentwickelt, hat Traditionen bewahrt und neue Einflüsse zugelassen. Vor allem sind wir inzwischen ein kleines Kinderparadies geworden. Denn meine Schwester hat nach Benni, der mit ihrem Mann Daniel zu uns kam, noch zwei weitere Kinder bekommen. Und ich bin nun auch Mutter. Hier ist also ziemlich viel los mit Kind und Kegel – meine Schwester und ich sind wirklich froh, dass wir vor den Kindern noch einige Jahre ohne hatten, um die Lage hier in den Griff zu bekommen. Wir sind nach sieben Jahren alle so gut eingespielt, da kann so eine kleine »Kinder-Nebenaufgabe« doch kein Problem sein. Zum Glück sind hier genug helfenden Hände, sag ich nur.

Wir haben viel umgebaut in den letzten Jahren, eine komplette Dachseite und alle Zimmer im Haus am Bach saniert, das heißt, wir haben zwölf Zimmer vollkommen neu gemacht. Wir haben die ganze Rezeption rausgenommen und umgebaut und unser schöner Fuchsbau ist entstanden, den wir alle ganz besonders lieben. Dabei haben vor allem meine Schwester Kristin und meine Mutter das Sagen. Ich komme bei den Entscheidungen rund um die großen Umbauten zwar dazu, aber im Grunde habe ich wenig Ahnung davon und wenn es ums Fliesen- oder Lampen-Aussuchen geht, haue ich lieber ab. Für unseren geplanten Schwimmbadumbau bin ich dann aber doch ins Bauteam aufgenommen worden. Die Umbauliste ist zu groß und wichtig, als dass ich mich damit nicht beschäftigen könnte.

Denn wir haben viel vor. Beide Schwimmbecken werden erneuert, sowohl innen als auch außen. Es wird einen neuen Ruheraum geben mit Panoramablick auf unseren Hausberg, den Branden. Dazu kommt eine Panoramasauna, eine Bio-Sauna und ein Dampfbad. Auch der Familienbereich wird größer, mit angrenzendem Fitnessbereich und einer großen Liegefläche außen. Es wird also viel passieren im Spielweg.

2023 hat mein Vater den gesamten Betrieb an uns übergeben. Ein großer Schritt und eine große Ehre, denn er hat so viel geleistet und mit meiner Mutter all das geschaffen, auf dem wir nun weiter aufbauen dürfen. Nach wie vor sind unsere Eltern da, mein Vater macht seine Kurse und ohne meine Mutter würde es hier auch nicht laufen, denn sie hat den großen Überblick und hält immer noch viele Fäden zusammen. Nach wie vor verantwortet sie die Planung des Abend- und Frühstückservices, macht die Tische, die Reservierungen und ist täglich für die Gäste da. Wenn wir freihaben, übernimmt sie, und wenn sie frei hat? Dann übernimmt sie eben oft auch, nämlich die ganze Kinderschar, die sie gemeinsam mit unserem Vater einpackt und ein Picknick im Wald veranstaltet. Es hat einfach seine Vorteile, in einem Mehrgenerationenhaus zu leben. Wir wissen, dass es ein großes Privileg ist und das vieles für arbeitende Eltern leichter macht.

JRE

Kristin, Daniel, Johannes und ich haben unsere festen Rollen gefunden und eingenommen in einer gut organisierten Struktur, die Abläufe reibungslos macht und vor allem dazu führt, dass wir sehr gut miteinander arbeiten und leben können. Daniel, der Ehemann meiner Schwester, unterstützt uns, seit er hier ist, wahnsinnig gut. Er ist der stille Berater im Hintergrund – ohne ihn unterschreiben wir keinen Vertrag und keine Finanzierung, weil er einfach die meiste Ahnung von Betriebswirtschaftslehre hat und mit seiner Herkunft aus einer Unternehmerfamilie genau weiß, worauf man achten muss. Also echtes und gelebtes Family-Business.

Mit dem eigenen Ehemann jeden Tag zusammenzuarbeiten, mag für manche eine Horrorvorstellung sein. Für uns nicht. Wir kennen uns, vertrauen uns und ich bin ihm wirklich dankbar. Er gibt mir auch den Raum, meiner Öffentlichkeitsarbeit nachzugehen, und für uns ist es selbstverständlich, dass wir uns die Rolle des Küchenchefs teilen. Ich liebe dieses Gefühl der Einheit und bin glücklich, dass wir diese Möglichkeit haben.

Wir leben hier in einem modernen Betrieb und versuchen, die Dienstpläne so zu gestalten, dass es Spaß macht, mit und für uns zu arbeiten. Die Zeiten haben sich geändert, neue Modelle sind nötig, damit sich Job und Privatleben gut miteinander vereinbaren lassen. Wenn man das möglich macht, dann bekommt man auch ganz viel zurück. Wir wollen Vorbild sein und zeigen, dass dieser wunderbare Beruf auch mit Kindern gut zu machen ist. Denn sie sind unsere Zukunft. Ich bin inzwischen Mutter, Kristin hat zwei Kinder bekommen und so wissen wir, wie wichtig familiengerechte Lösungen sind.

In diesem Sinne schauen wir mit großer Freude auf alles, was kommt, wie sich der Spielweg weiterentwickelt, die Menschen um uns mitgehen, unsere Gäste die Zeit bei uns genießen, ihre Kinder und Enkel mitbringen und unsere Philosophie lebendig bleibt.

VORSPEISEN & Suppen

KULTIGER KOPFSALAT UND FEINE FLÄDLE

Willkommen im Kapitel »Vorspeisen & Suppen« – hier dreht sich alles um einfache, aber wunderbare Gerichte, die für mich und den Spielweg genauso Heimat bedeuten wie unsere Klassiker. Nach den kreativen Salaten im letzten Buch geht es diesmal um Kreationen, die mich an meine Familie und unsere Region erinnern.

Ein Highlight, das ich unbedingt mit euch teilen muss, ist unser großer Kopfsalat. Ja, richtig gelesen: einfach ein halber Kopfsalat. Das war bei meinem Opa Hansi Kult. Er hat das Gericht geliebt. Wir servieren das Herz des Kopfsalates, einfach halbiert, mit verschiedenen Toppings wie Schinken, Pancetta und einem cremigen Joghurtdressing. Im Sommer ist das unschlagbar! Und das Beste: Aus den äußeren Blättern, die sonst vielleicht auf dem Kompost landen würden, bereiten wir eine leckere Suppe zu. So wird nichts verschwendet, und man hat gleich zwei Gerichte aus einem Salatkopf.

Wenn es etwas gibt, das den Spielweg und Baden widerspiegelt, dann ist es unsere Flädlesuppe. Diese Suppe ist mehr als nur ein Gericht – sie ist quasi unsere kulinarische DNA. Flädle sind feine Pfannkuchen mit Schnittlauch und Petersilie, die in einer einfachen, aber köstlichen Brühe schwimmen. Keine schicke Consommé, sondern eine echte, ehrliche Brühe. Jeder, der zu uns kommt, liebt sie und für viele gehört sie einfach zum Besuch im Spielweg dazu.

Ein weiteres Lieblingsgericht, das mich immer an unsere Urlaube in der Bretagne erinnert, sind die ganzen Artischocken. Diese kochen wir einfach in Zitruswasser und servieren sie mit einer leichten Mayonnaise oder einer Tomaten-Pinienkern-Vinaigrette und vielen frischen Kräutern. Diese Artischocken habe ich später auch in meiner Lehre bei Douce Steiner wiederentdeckt, denn ihre Mutter liebte sie ebenfalls. Es war also nur logisch, dass die Artischocken ihren Weg auf unsere Sommer-Karte gefunden haben. Dazu etwas geröstetes Brot und unseren Kopfsalat, mehr braucht es manchmal gar nicht.

Und im Winter? Da darf natürlich ein guter Eintopf nicht fehlen. Herzhaft, wärmend und einfach nur gut.

KOPFSALAT

MIT RINDERSCHINKEN, JOGHURTDRESSING UND SAUCE VIERGE

FÜR 4 PERSONEN

- 2 Köpfe Kopfsalat
- 2 Radieschen
- 20 Scheiben Rinderschinken (Bündner Fleisch)

FÜR DIE SAUCE VIERGE
- 2 Tomaten
- Salz
- 5 Stängel Blattpetersilie
- ¼ Salatgurke
- 1 Stange Staudensellerie
- ca. 50 ml Olivenöl
- frisch gemahlener schwarzer Pfeffer
- 1 Prise Zucker

FÜR DAS JOGHURTDRESSING
- 4 EL Naturjoghurt
- 20 ml Olivenöl
- 80 ml Sonnenblumenöl
- 2 EL Apfelessig
- ½ TL mittelscharfer Senf
- Salz (nach Belieben)
- frisch gemahlener schwarzer Pfeffer (nach Belieben)
- 1 Prise Zucker (nach Belieben)

ZUBEREITUNGSZEIT: 35 MINUTEN

Die Kopfsalate halbieren und unter fließendem Wasser waschen. Gut trocken schütteln und mit der Schnittfläche nach unten auf ein Küchentuch legen.

SAUCE VIERGE
Die Tomaten an der Unterseite einritzen und in kochendem Salzwasser 1 Minute blanchieren. Herausnehmen und in kaltem Wasser abschrecken. Die Tomaten pellen und vierteln. Die Kerngehäuse entfernen und das Fruchtfleisch in feine Würfel schneiden.

Die Petersilie waschen, trocken tupfen und in feine Streifen schneiden.

Die Gurke schälen, halbieren, das Kerngehäuse entfernen und ebenfalls in feine Würfel schneiden.

Die Fäden des Staudenselleries entfernen und die Selleriestangen ebenfalls in feine Würfel schneiden.

Alle Zutaten mit Olivenöl vermengen und mit Salz, Pfeffer und 1 Prise Zucker abschmecken.

JOGHURTDRESSING
Alle Zutaten miteinander vermengen und nach Belieben mit Salz, Pfeffer und Zucker abschmecken.

FERTIGSTELLEN
Die Radieschen waschen und hobeln.

Die halben Kopfsalate auf Teller geben, mit einem Löffel das Joghurtdressing in alle Schichten der Salatköpfe verteilen. Die Radieschen und die Sauce Vierge großzügig drübergeben. Den Rinderschinken anlegen.

TOPINAMBUR-KOHLRABI-SALAT

MIT GEGRILLTER GARNELE UND WILDSCHWEINFILET

FÜR 4 PERSONEN

FÜR DEN SALAT
- 8–10 Knollen Topinambur (je nach Größe)
- 2 Kohlrabi
- Walnussöl
- Saft von ½ Zitrone
- Salz
- frisch gemahlener schwarzer Pfeffer
- 1 Birne
  1 Schale Brombeeren (125 g)

FÜR DAS DRESSING
- 10 Stängel Blattpetersilie
- 200 g Joghurt
- Saft von ½ Zitrone
- Salz
- frisch gemahlener schwarzer Pfeffer
- etwas Zucker
- 1 EL Olivenöl

FÜR DAS FLEISCH
- 2 Wildschweinfilets
- Salz
- frisch gemahlener schwarzer Pfeffer
- etwas Sonnenblumenöl
- 4 Garnelen
- 4 Walnüsse

ZUBEREITUNGSZEIT:
40 MINUTEN

SALAT
Topinambur und Kohlrabi schälen und in feine Scheiben hobeln. Mit Walnussöl und Zitronensaft marinieren und mit Salz und Pfeffer abschmecken.

Die Birne schälen und in feine Scheiben schneiden. Daraus dann feine Stifte schneiden.

Die Brombeeren halbieren.

DRESSING
Die Blattpetersilie waschen, trocken tupfen, vom Stiel zupfen und in feine Streifen schneiden. Mit dem Joghurt und dem Zitronensaft vermischen, mit Salz, Pfeffer, Zucker und Olivenöl abschmecken.

FLEISCH
Das Wildschweinfilet putzen und mit Salz und Pfeffer würzen. In einer Pfanne mit etwas Sonnenblumenöl von beiden Seiten kurz anbraten. An einem warmen Ort ruhen lassen.

Die Garnelen putzen und längs circa 1 cm lang aufschneiden. In einer Pfanne mit etwas Sonnenblumenöl von beiden Seiten anbraten. Mit Salz und Pfeffer würzen.

Alles auf Tellern anrichten und die Walnüsse fein darüberhobeln.

WILDKRÄUTERSÜPPCHEN

MIT GEFÜLLTER GEBACKENER ZUCCHINIBLÜTE

FÜR 4 PERSONEN

FÜR DIE SUPPE

- 2 Zwiebeln
- ½ Knollensellerie
- 2 mehligkochende Kartoffeln
- 1 Stange Lauch
- Sonnenblumenöl
- 100 ml Weißwein
- 2 l Gemüsebrühe
- 150–200 g Wildkräuter (Sauerampfer, Giersch, Bärlauch)
- 70 g Butter
- 250 ml Sahne
- Salz
- frisch gemahlener schwarzer Pfeffer
- etwas Zucker
- 1 Zitrone (Saft)

FÜR DIE ZUCCHINI-BLÜTEN

- 4 Zucchiniblüten
- 1 TL geröstete Pinienkerne
- 2 Stängel Basilikum
- 100 g Ricotta
- Salz
- frisch gemahlener schwarzer Pfeffer
- 1 Packung Tempura-Teig (gibt es fertig in jedem Asia-Markt), alternativ: 1 Teil Mehl, 1 Teil Speisestärke
- 1 l Frittierfett

ZUBEREITUNGSZEIT: 45 MINUTEN

SUPPE

Zwiebeln, Sellerie und Kartoffeln schälen und in Würfel schneiden. Den Lauch längs halbieren, den hellen Teil in Ringe schneiden und gut waschen. Den Rest des Lauchs anderweitig verwenden.

Zwiebeln, Sellerie und Lauch in einem Topf mit etwas Sonnenblumenöl glasig anschwitzen. Mit Weißwein ablöschen und einköcheln lassen.

Mit Gemüsebrühe auffüllen, Kartoffeln hinzugeben und bei mittlerer Hitze circa 30 Minuten gar köcheln lassen.

Die Kräuter waschen, nach Ende der Garzeit in die Suppe geben und 5 Minuten köcheln lassen.

Die Suppe mit Butter und Sahne in einen leistungsstarken Mixer geben und mehrere Minuten sehr fein mixen. (Mit einem Mixstab ist das nicht möglich. Ich empfehle einen Thermomix.) Danach gegebenenfalls durch ein Sieb geben. Mit Salz, Pfeffer, Zucker und etwas Zitronensaft abschmecken.

ZUCCHINIBLÜTEN

Die Zucchiniblüten waschen und trocken tupfen. Für die Füllung die Pinienkerne hacken, das Basilikum waschen, trocken tupfen, in feine Streifen schneiden und unter den Ricotta mischen. Mit Salz und Pfeffer abschmecken. Die Blüten vorsichtig öffnen, die Ricotta-Masse hineingeben und die Blüten wieder gut verschließen.

Den Tempura-Teig nach Anleitung anrühren. Die Blüten hineintauchen und rundherum bedecken. Herausnehmen und in der Fritteuse oder in einem Topf mit 160 °C heißem Fett frittieren. Herausnehmen und auf einem Küchentuch abtropfen lassen.

TIPP

Wenn man etwas Spinat und Petersilie mit in die Wildkräuter mischt, gibt es dem Ganzen etwas mehr Fülle und hält besser und länger die schöne grüne Farbe. Wer im Sommer besonders viele Wildkräuter erntet, kann daraus eine Kräuterbutter herstellen. Diese lässt sich gut länger im Gefrierfach aufbewahren. So kann man diese leckere Suppe auch im Winter superschnell und einfach nachkochen.

HEISS GERÄUCHERTE FORELLE

MIT VICHYSSOISE UND GRAUPEN

FÜR 4 PERSONEN

FÜR DIE VICHYSSOISE
- 1 Stange Lauch
- 1 große Kartoffel
- etwas Sonnenblumenöl
- 50 ml Noilly Prat
- 50 ml Weißwein
- 500 ml Brühe
- 400 ml Sahne
- 50 g kalte Butter
- Salz
- frisch gemahlener schwarzer Pfeffer
- etwas frisch geriebene Muskatnuss

FÜR DIE GRAUPEN
- 1 Schalotte
- Sonnenblumenöl
- 150 g mittelgroße Perlgraupen
- 150 ml Weißwein
- 300 ml Gemüsebrühe
- Apfelessig
- Olivenöl
- Schnittlauch (oder nach Belieben andere Kräuter wie Kerbel oder Dill)
- Salz
- frisch gemahlener schwarzer Pfeffer
- 2 Radieschen

VICHYSSOISE
Den hellen Teil vom Lauch klein schneiden, gründlich waschen und abtropfen lassen. Die Kartoffel schälen und in kleine Würfel schneiden. Lauch und Kartoffelwürfel in einem Topf mit etwas Sonnenblumenöl farblos anschwitzen. Mit Noilly Prat und Weißwein ablöschen und verkochen lassen. Mit Brühe aufgießen und alles weich kochen. Falls die Flüssigkeit zu schnell verkocht, etwas mehr Brühe hinzugeben. Wenn alles weich gekocht ist, Sahne hinzugeben und aufkochen. Alles in einem leistungsstarken Mixer mehrere Minuten fein mixen. Die kalte Butter in Würfel schneiden und nach und nach hinzugeben, dadurch entsteht die Bindung und die Butter gibt einen cremigen Geschmack.

Im kalten Zustand mit Salz, Pfeffer und Muskat abschmecken.

GRAUPEN
Die Schalotte schälen, in feine Würfel schneiden und in einem Topf mit etwas Sonnenblumenöl glasig anschwitzen. Die Graupen hinzugeben und kurz mit anschwitzen. Mit Weißwein ablöschen und einkochen lassen. Mit Brühe leicht bedecken und unter ständigem Rühren gar kochen. Brühe nach und nach hinzugeben, bis der Garpunkt erreicht ist.

Die fertig gegarten Graupen mit Apfelessig, Olivenöl und geschnittenem Schnittlauch marinieren. Mit Salz und Pfeffer abschmecken.

Die Radieschen waschen und fein hobeln.

Fortsetzung: nächste Seite ↘

FÜR DAS KARTOFFEL-STROH

- 2 große Kartoffeln
- Öl zum Frittieren
- Salz

FÜR DIE FORELLE

- 4 Forellenfilets
- Salz
- etwas Zucker
- 100 g Rauchmehl oder Rauchchips (am besten Buche oder Apfel)

ZUBEREITUNGSZEIT: 1 STUNDE 15 MINUTEN OHNE MARINIERZEIT

KARTOFFELSTROH

Die Kartoffeln schälen und mithilfe einer Vierkantreibe fein raspeln. Die geraspelten Kartoffeln kalt abspülen und auf einem Küchentuch abtropfen lassen. Frittierfett in einem kleinen Topf auf 160 °C erhitzen und die Kartoffelraspel darin goldgelb frittieren.

Die frittierten Kartoffelraspel auf einem Küchentuch abtropfen lassen und leicht salzen.

FORELLE

Die Forellenfilets waschen, trocken tupfen und die Gräten ziehen. Mit Salz und Zucker würzen und circa 2 Stunden ziehen lassen. Danach den Fisch erneut abwaschen und trocken tupfen.

Den Fisch auf ein Gitterblech oder einen Teller legen und einen breiten Topf erhitzen. Rauchmehl oder Rauchchips hineingeben, das Gitterblech mit dem Fisch in einem Abstand von mindestens 5 cm zum Boden des Topfes darauflegen. Hier kann man gut mit Ausstechern oder Anrichteringen einen Abstand schaffen. Den Topfdeckel auflegen. Den Topf vom Herd nehmen und die Forellenfilets darin 6 Minuten räuchern. Danach die Forellenfilets bei 150 °C circa 6 Minuten im Ofen garen.

Zum Anrichten die Graupen lauwarm mittig auf Tellern platzieren, die lauwarmen Forellenfilets darauflegen und die kalte Suppe angießen. Im Sommer kann das Gericht auch kalt serviert werden.

TIPP

Wer mag, kann die Forellenfilets auch gut auf einem Kugelgrill oder dem offenen Feuer räuchern. Wer beides nicht hat, kann sie im gut sortierten Supermarkt auch schon fertig geräuchert kaufen und dann leicht im Ofen erwärmen.

SPARGEL-PFIRSICH-SALAT

MIT GEBRATENEM REHFILET UND BIENENHONIGWABE

FÜR 4 PERSONEN

FÜR DIE REHFILETS
- 4 Rehfilets
- Salz
- frisch gemahlener schwarzer Pfeffer
- etwas Sonnenblumenöl

FÜR DEN SALAT
- 16 Stangen grüner Spargel
- Salz
- 2 Pfirsiche
- Olivenöl
- Apfelessig
- frisch gemahlener schwarzer Pfeffer
- etwas Zucker
- Piment d'Espelette

ZUM FERTIGSTELLEN
- 20 g Butter
- 1 Zweig Thymian
- frisch gemahlener schwarzer Pfeffer
- Salz

ZUM ANRICHTEN
- 4 Stücke Bienenhonigwabe

ZUBEREITUNGSZEIT: 45 MINUTEN

REHFILETS
Die Rehfilets putzen, hierbei von Sehnen und Silberhäutchen befreien und mit Salz und Pfeffer würzen. In einer Pfanne mit etwas Sonnenblumenöl jeweils circa 1 Minute von jeder Seite anbraten. An einem warmen Ort ruhen lassen.

SALAT
Das untere Drittel der Spargelstangen schälen und den Spargel in reichlich gesalzenem Wasser gar kochen. Herausnehmen und in Eiswasser abschrecken. Den Spargel gut abtropfen lassen. Die Stangen längs halbieren und dritteln.

Die Pfirsiche halbieren, den Stein entfernen und in Spalten schneiden.

Den Spargel mit etwas Olivenöl und Apfelessig marinieren und mit Salz, Pfeffer, Zucker und etwas Piment d'Espelette abschmecken.

FERTIGSTELLEN
Die Rehfilets und die Pfirsichspalten circa 3–4 Minuten in einer Pfanne mit etwas Butter und 1 Zweig Thymian nachbraten. Mit Pfeffer aus der Mühle und Salz würzen.

Den entstandenen Sud aus der Pfanne am Ende unbedingt über den Spargelsalat geben, die kräutrige, süße, buttrige Sauce gibt dem Gericht den letzten Kick. Mit der Bienenhonigwabe anrichten.

TIPP
In der Bienenhonigwabe bleibt der Honig ganz ursprünglich und naturbelassen. Mittlerweile gibt es wieder mehr Imker, die uns auf Nachfrage ganze Bienenhonigwaben verkaufen. Auch in Delikatessengeschäften gibt es mittlerweile Honiggläser, in denen ein Stück Honigwabe zum Kauf angeboten wird. Wer keine Bienenhonigwabe bekommt, zieht einfach etwas Honig um das Filet. Dabei auf die Menge aufpassen, nicht zu viel nehmen, da die Pfirsiche ja schon etwas süß sind.

BADISCHE FLÄDLESUPPE

FÜR 4 PERSONEN

FÜR DIE BRÜHE
- 3 Karotten
- ½ Knollensellerie
- 1 Stange Lauch
- 2 große Gemüsezwiebeln
- 3 kg Rinderbrust
- 2 Lorbeerblätter
- 4 Zweige Petersilie
- 2 Nelken
- 8 Wacholderbeeren
- 1 Zacke von einem Sternanis
- 1 EL Salz
- 10 weiße Pfefferkörner
- 2 Zweige Thymian
- 1 Zweig Rosmarin
- Salz (optional)

FÜR DIE FLÄDLE
- 150 g Mehl
- 3 Eier
- 250 ml Milch
- Salz
- frisch gemahlener
- schwarzer Pfeffer
- frisch geriebene
- Muskatnuss
- 1 Bund Schnittlauch
- etwas Sonnenblumenöl

**ZUBEREITUNGSZEIT:
35 MINUTEN +
30 MINUTEN RUHEZEIT +
5 STUNDEN KOCHZEIT
FÜR DIE BRÜHE**

BRÜHE

Karotten, Sellerie und Lauch waschen und in walnussgroße Stücke schneiden. Die Zwiebeln mit der Schale halbieren und die Schnittfläche in einer nicht beschichteten Pfanne – gegebenenfalls auf einem Stück Alufolie – bei mittlerer Hitze dunkelbraun rösten.

Rinderbrust, Gemüse, Lorbeerblätter, Petersilie und Gewürze in einen großen Topf geben und mit kaltem Wasser auffüllen. Bei mittlerer Hitze mindestens 4 Stunden leicht köcheln lassen. Thymian und Rosmarin erst 15 Minuten vor Ende der Garzeit hinzugeben, da die ätherischen Öle sich schnell verflüchtigen.

Die Brühe durch ein feines Sieb mit einem Passiertuch in einen neuen Topf passieren und gegebenenfalls mit Salz abschmecken.

FLÄDLE

Mehl und Eier vermengen und die Milch langsam hinzugeben, damit sich keine Mehlklümpchen bilden. Mit etwas Salz, Pfeffer und Muskatnuss würzen.

Den Schnittlauch waschen, trocken tupfen und in feine Ringe schneiden, die Hälfte unterrühren; die zweite Hälfte zum Garnieren zur Seite stellen.

Den Teig 30 Minuten ruhen lassen.

In einer Pfanne mit wenig Sonnenblumenöl dünne Pfannkuchen backen, kurz abkühlen lassen, einrollen und fein schneiden.

TIPP

Dieses Rezept ist im Prinzip ein Grundrezept für Rinderbrühe. Die geröstete Zwiebel dient dem Geschmack und der Farbe. Bitte keine Angst haben, dass die Zwiebel die Brühe später bitter schmecken lässt. Die Zwiebeln müssen wirklich dunkel geröstet sein.

Das Rindfleisch wird hier klassischerweise nicht mit als Einlage verwendet. Man kann es aber gut weiterverarbeiten, zum Beispiel als Siedfleisch mit Bouillonkartoffeln oder als Rindfleischsalat.

GRAUPENEINTOPF

MIT KNOLLENGEMÜSE UND GERÖSTETEM BROT

FÜR 4 PERSONEN

- 2 Zwiebeln
- 2 Knoblauchzehen
- 2 Karotten
- ¼ Knollensellerie
- 4 vorwiegend festkochende Kartoffeln
- 1 Bund Blattpetersilie
- 4 Landjäger oder ähnliche Wurst nach Belieben
- etwas Sonnenblumenöl
- 200 ml Weißwein
- 200 g feine Gerstengraupen
- 1 Lorbeerblatt
- Salz
- frisch gemahlener schwarzer Pfeffer
- 2,5 l Rinderbrühe
- etwas weißer Balsamicoessig
- 8 Scheiben Brot, nach Belieben
- 20 g Butter

ZUBEREITUNGSZEIT: 1 STUNDE

Zwiebeln, Knoblauch, Karotten, Sellerie und Kartoffeln waschen und schälen. Alles in feine Würfel schneiden.

Petersilie waschen, trocken tupfen und in feine Streifen schneiden. Die Landjäger in Scheiben schneiden.

Zwiebeln, Knoblauch, Karotten und Sellerie in einem Topf mit etwas Sonnenblumenöl glasig anschwitzen. Mit Weißwein ablöschen und einköcheln lassen, bis der Weißwein fast verkocht ist. Graupen und Gewürze hinzugeben, mit Brühe auffüllen und bei mittlerer Hitze 15 Minuten köcheln lassen. Die Kartoffelwürfel hinzugeben und weitere 15–20 Minuten köcheln lassen, bis alles gar gekocht ist. Die Landjäger und die Petersilie hinzugeben und mit Salz, Pfeffer und etwas weißem Balsamicoessig abschmecken.

Das Brot mit Butter bestreichen und in einer Pfanne von beiden Seiten goldbraun anbraten.

TIPP

Bei Saucen oder Suppenansätzen lösche ich supergern mit Wein ab. Bei Jus und dunklen Saucen mit Rotwein, bei Beurre Blanc oder hellen Suppen mit Weißwein. Ich lasse den Weißwein immer um mehr als die Hälfte reduzieren, damit der alkoholische Weingeschmack verschwindet, die Säure, die Süße und die Vollmundigkeit des Weines jedoch bleiben.

SCHWEIN

GLÜCKLICHE SCHWEINE, ERSTKLASSIGES FLEISCH

Wenn ich ein Schwein wäre, dann würde ich genau das Leben auf dem Hofgut Silva wählen. Das ist echt der Schweinehimmel! Ich habe diesen großartigen Betrieb über die Jeunes Restaurateurs kennengelernt und war sofort begeistert. Hier ist Schweinefleisch einfach anders – besser. Die Festigkeit und der Geschmack sind wirklich next level, und das ist kein Zufall. Das ist das Ergebnis einer Haltung, die auf Wertschätzung und Wissen basiert.

Auf dem Hofgut Silva leben die Schweine auf riesigen Flächen. Rund um das wunderschön renovierte Gutshaus erstrecken sich Tausende von Hektar Wald und Wiesen. Die Schweine haben hier ein so natürliches Leben wie nur möglich. Sie essen Kastanien und Bucheckern und können sich nach Herzenslust im Grünen austoben. Das schlägt sich natürlich in der Fleischqualität nieder – saftig, aromatisch und von beeindruckender Textur.

Wir beziehen regelmäßig Spanferkel vom Hofgut Silva. Letztes Jahr bekam ich eine WhatsApp von Betreiberin Judith Wohlfarth, in der sie schrieb, dass die Tiere diesmal statt der üblichen 17 Kilo 25 bis 27 Kilo wiegen würden und ob ich wegen der schwereren Tiere jetzt weniger haben möchte. Leider habe ich die Nachricht nicht richtig gelesen und nur kurz mit einem »Kein Problem« geantwortet. Das Ergebnis stand dann plötzlich in Form eines Transporters mit 25 Schweinen à 27 Kilogramm vor der Tür. Johannes ist fast umgefallen bei dieser Menge. Plötzlich standen wir mit doppelt so viel Fleisch da wie sonst.

GEHABT

Also haben wir uns vorab überlegt, was wir alles daraus zubereiten wollen. Aus dem Nacken leckere Spieße vom Konro-Grill, aus den Oberschalen saftige Schnitzel – so richtig schöne Schweineschnitzel mit knusprigen Bratkartoffeln aus der Linda-Kartoffel. Ich kann euch sagen, diese Schnitzel wurden uns quasi aus den Händen gerissen! Wer braucht Kalb, wenn Schweinefleisch so fantastisch sein kann?

Natürlich haben wir auch noch Schinken gemacht, aus dem Kopffleisch eine schöne Leberwurst, aus den Köpfen und Knochen eine kräftige Brühe für Ramen gekocht, und die Rückenstücke wurden zu Grillfleisch verarbeitet. So hatten wir schon vor dem Zerlegen einen detaillierten Plan und nutzten das gesamte Tier. Das ist nicht nur wirtschaftlich sinnvoll, sondern auch ein Zeichen von Respekt gegenüber dem Tier. Was ich aber eigentlich sagen will: Auf dem Hofgut Silva leben Schweine, die ein wirklich gutes Leben haben – und das schmeckt man.

SPIELWEG asiatisch

VON RAMEN BIS CURRY

Für mich gab es in den letzten Jahren viele neue Entdeckungen, einige Reisen und zahlreiche neue Eindrücke, die ich zu Gerichten verarbeitet habe. Besonders Japan hat einen nachhaltigen Eindruck bei mir hinterlassen mit einem Gericht, das ich absolut köstlich finde: Ramen. Das ist viel mehr als nur eine Nudelsuppe – es ist ein echtes Geschmackserlebnis und schon lange ein echtes Trendfood. Keine größere Stadt ohne Ramen-Lokal.

Dabei ist die Tonkatsu Ramen im Grunde nichts anderes als eine kräftige Schweinebrühe mit Nudeln. Die Basis ist eine langsam gekochte Brühe aus Schweineknochen, die unglaublich viel Geschmack und Tiefe hat. Manchmal verwende ich zusätzlich auch noch Schweinebauch und Schweinebacken, um noch mehr Umami herauszukitzeln. Die Brühe ist das Herzstück jeder Ramen-Schüssel und wird dann mit den typischen Nudeln, frischem Gemüse und verschiedenen Toppings kombiniert. Es gibt unzählige Varianten: Shio-Ramen, Miso Ramen oder auch Veggie-Ramen – alles ist vertreten.

Was mich an der asiatischen Küche besonders begeistert, ist ihre unglaubliche Flexibilität und Freiheit. Man ist überhaupt nicht eingeschränkt. Man kann einfach kreativ sein und alles Mögliche ausprobieren.

Ein Beispiel dafür sind die Currypasten. Ihr kennt bestimmt die runden Pötte in Rot, Gelb und Grün. Diese Pasten sind einfach genial: Du schwitzt Chili, Galgant, Knoblauch und Ingwer an, gibst einen Löffel Paste dazu, und schon hast du die Basis für ein tolles Curry. Und dazu kommt dann noch frisches Gemüse, Fleisch oder was auch immer gerade zur Hand ist. Das Ergebnis ist stets köstlich.

Zu unseren weiteren asiatischen Ausflügen gehört unser knusprig frittiertes Hähnchen-Karaage – ein echter Knaller aus Japan. Oder die Miesmuscheln, die wir statt in einem Rieslingsud in einem aromatischen Kokosnusssud kochen. Diese Muscheln sind für mich eine echte Urlaubserinnerung, und ich liebe es, sie mit Zitronengras, Ingwer und Chili zuzubereiten. Das geht übrigens mit allen Arten von Muscheln.

Und dann ist da noch mein Massaman-Curry aus Nordthailand. Dafür nehme ich Kartoffeln und das Hühnchen oder Kalbfleisch wird im Curry gekocht. So wird es superzart und bleibt schön saftig. Das Curry hat eine herrlich cremige Konsistenz und ist mit Erdnüssen oder Cashewkernen einfach unschlagbar – besonders an kälteren Tagen.

WILDSCHWEIN-WAN-TAN

MIT REISESSIG-VINAIGRETTE

FÜR 4 PERSONEN

- ½ Spitzkohl
- 12 Scheiben Dim-Sum-Teig
- 1 Eiweiß
- 1 Bund Koriander
- Salz
- etwas gerösteter heller und schwarzer Sesam

FÜR DIE VINAIGRETTE

- 2 cm frischer Ingwer
- 2 Knoblauchzehen
- 2 Chilischoten
- etwas Sesamöl
- 200 ml Reisessig
- 200 ml Sojasauce
- 200 ml Mirin

- etwas Speisestärke

FÜR DIE FÜLLUNG

- 1 cm frischer Ingwer
- 2 Knoblauchzehen
- etwas Sonnenblumenöl
- 50 ml Vinaigrette (siehe Teilrezept)
- 1 EL gerösteter Sesam
- 200 g Wildschweinschulter, gewolft (alternativ: gemischtes Hack von Schwein und Rind)
- Salz
- frisch gemahlener schwarzer Pfeffer

ZUBEREITUNGSZEIT:
1 STUNDE 30 MINUTEN

Den Spitzkohl in feine Streifen schneiden. Dabei die obere, spitzere Hälfte für den Salat beiseitelegen (dieser ist deutlich feiner und schmeckt als Salat einfach gut). Der Rest ist für die Füllung.

VINAIGRETTE

Den Ingwer und den Knoblauch schälen und in feine Würfel schneiden. Die Chilischoten halbieren, die Kerne herausnehmen und die Schotenhälften in feine halbe Ringe schneiden. Ingwer, Knoblauch und Chili in einem kleinen Topf mit etwas Sesamöl anschwitzen. Mit Reisessig, Sojasauce und Mirin ablöschen, aufkochen und auf die Hälfte reduzieren lassen. Mit etwas Speisestärke leicht abbinden.

FÜLLUNG

Ingwer und Knoblauch schälen und in feine Würfel schneiden. Den Spitzkohl für die Füllung in einer Pfanne mit etwas Sonnenblumenöl anschwitzen.

Ingwer und Knoblauch hinzugeben und ebenfalls mit anschwitzen.

Mit 50 ml der Vinaigrette ablöschen, 1 EL Sesam hinzugeben und unter das Hackfleisch mischen. Alles gut vermengen und mit Salz und Pfeffer abschmecken.

FERTIGSTELLEN

Den Dim-Sum-Teig auf die Arbeitsfläche legen und den Rand leicht mit Eiweiß bepinseln. Circa 20 g der Füllmasse auf jede Teigscheibe verteilen, diesen zur Hälfte zusammenklappen und andrücken, sodass ein Halbmond entsteht.

Den Koriander waschen, trocken tupfen, vom Stiel zupfen und zu dem Spitzkohlsalat geben. Diesen leicht salzen.

Die Wan Tan für 4 Minuten in leicht köchelndem Salzwasser garen. Herausnehmen und in eine Schale geben. Den Spitzkohlsalat daraufgeben und mit etwas Vinaigrette und Sesam marinieren.

TIPP

Die Vinaigrette lässt sich wunderbar universal einsetzen. Ich empfehle, sie in doppelter Menge herzustellen, die Hälfte in ein sauberes Weckglas mit Schraubverschluss zu geben und heiß abzufüllen. Sie hält sich im Kühlschrank locker mehrere Wochen. Sie schmeckt auch vorzüglich zu Nudeln, Fisch und Gemüse.

MASSAMAN-CURRY

MIT GESCHMORTEN SHORT RIBS

FÜR 4 PERSONEN

- › 1 Karotte
- › ¼ Knollensellerie
- › 2 Zwiebeln
- › 2 cm frischer Ingwer
- › 2 Knoblauchzehen
- › 2 Süßkartoffeln
- › 3 Stangen Zitronengras
- › 4 Short Ribs vom Rind (wahlweise Kalbs- oder Rinderbacken)
- › etwas Sonnenblumenöl
- › 3 EL Massaman-Currypaste
- › 1 TL Kurkumapulver
- › 2 EL Tomatenmark
- › 2 Chilischoten
- › 2 Limettenblätter
- › 2 ganze Sternanis
- › 1 kleines Stück Zimtstange
- › 1 TL Korianderkörner
- › 1 l Kokosmilch
- › 700 ml Rinderbrühe
- › 6 kleine lila Süßkartoffeln
- › Salz
- › frisch gemahlener schwarzer Pfeffer
- › 2 Pak Choi
- › 1 Kopf Chinakohl
- › 1 Bund Koriander
- › 1 Prise Zucker
- › Chiliöl
- › 150 g geröstete Cashewkerne

ZUBEREITUNGSZEIT:
4 STUNDEN 30 MINUTEN

Karotte, Sellerie, Zwiebeln, Ingwer, Knoblauch und Süßkartoffeln schälen und alles in walnussgroße Stücke schneiden. Das untere Drittel vom Zitronengras kräftig andrücken. Die Short Ribs in einem heißen Bräter mit etwas Sonnenblumenöl von beiden Seiten anbraten. Herausnehmen und zur Seite legen.

Karotte, Sellerie, Zwiebeln, Ingwer, Knoblauch, Süßkartoffel und Zitronengras in den Bräter geben und in etwas Sonnenblumenöl anbraten. In der Mitte etwas Platz schaffen und darin 3 EL Massaman-Currypaste, Kurkuma und Tomatenmark anrösten. 1 Chilischote halbieren, entkernen und klein schneiden. Limettenblätter, Sternanis, Zimtstange, klein geschnittene Chilischote und Korianderkörner hinzugeben. Mit Kokosmilch und Rinderbühne auffüllen. Die Short Ribs hinzugeben und im Backofen bei 150 °C circa 3 Stunden schmoren lassen.

In der Zwischenzeit die kleinen lila Süßkartoffeln waschen, halbieren, mit Salz und Pfeffer würzen und mit etwas Sonnenblumenöl beträufeln. Im Ofen bei 150 °C circa 15 Minuten garen. Das untere Ende vom Pak Choi ½ cm abschneiden, die einzelnen Blätter abzupfen, gründlich waschen und trocken schleudern. Den Chinakohl halbieren, vom Strunk befreien und in feine Streifen schneiden. Den oberen, feineren Teil für den Salat zur Seite legen. Den Koriander waschen, trocken tupfen und vom Stiel zupfen. Die zweite Chilischote in feine Ringe schneiden.

Den Bräter aus dem Ofen nehmen, die Short Ribs aus dem Sud nehmen und den Sud mit einem Stabmixer leicht mixen. Durch die Süßkartoffel entsteht eine sämige Bindung. Die Masse durch ein grobes Sieb passieren. Gegebenenfalls mit Salz würzen.

Das Gemüse in einer heißen Pfanne mit etwas Sonnenblumenöl anbraten, mit Salz, Pfeffer und 1 Prise Zucker abschmecken. Das Gemüse in eine Schale geben, die Short Rips darauf anrichten und mit Curry auffüllen. Mit Chinakohl, Chilischotenringen, Chiliöl, Koriander und Cashewkernen garnieren.

GLASIERTE SPIESSE

VOM KONRO-GRILL, GARNELE, WILDSCHWEINFILET, REHKEULE, KANINCHENRÜCKEN, HÜHNERHERZEN

FÜR 4 PERSONEN

FÜR DIE NAM CHIM

- 80 g Palmzucker
- 2 Bio-Limetten
- 3 Knoblauchzehen
- 100 g frischer Koriander
- 2–3 Bird-Eye-Chilischoten (sehr scharf aus Thailand, alternativ 2 TL getrocknete Chiliflocken)
- 100 g Fischsauce

FÜR DIE SPIESSE

- 4 Wildschweinfilets
- 400 g Rehkeule
- 24 Hühnerherzen
- 4 Kaninchenrücken
- 4 Riesengarnelen
- 1 Bio-Limette
- 1 Bund Koriander
- 1 Chilischote

ZUBEREITUNGSZEIT:
1 STUNDE

NAM CHIM

Den Palmzucker mit einem Messer grob hacken, die Schale der Limetten fein abreiben, die Limetten schälen und klein schneiden. Den Knoblauch schälen. Den Koriander waschen, trocken tupfen und in feine Streifen schneiden. Die Chilischoten in feine Ringe schneiden. Fischsauce, Palmzucker, Knoblauch und Limette im Thermomix fein mixen. Zum Schluss den fein geschnittenen Koriander zugeben und kurz mitmixen. In eine Schale geben und die geschnittenen Chilischoten hinzugeben.

SPIESSE

Das Fleisch putzen und von Sehnen und Silberhäutchen befreien. Die Garnelen zum Drittel pulen.

Die Limette in Spalten schneiden. Den Koriander waschen, trocken tupfen und vom Stiel zupfen. Die Chilischote in feine Ringe schneiden.

Das Fleisch und die Garnelen aufspießen und auf den vorgeheizten Konro-Grill geben und einige Minuten garen. Mit dem »Lack« bestreichen, umdrehen und von der anderen Seite ebenfalls einige Minuten grillen. Erneut mit dem Lack bestreichen.

Die Spieße mit Limettenecken, Koriander, Chili und Nam Chim servieren.

TIPP

Mit diesem Rezept möchte ich zeigen, dass man auch mal auf japanische Art grillen kann. Man sitzt gemütlich auf der Terrasse und jeder kann sich sein Fleisch oder Gemüse selbst zubereiten. Niemand muss am Grill stehen und alle können ihr Grillgut noch heiß genießen. Die Zutatenliste ist unbegrenzt, hier nur ein kleiner Anreiz, was mir persönlich gut schmeckt. Zu den Spießen passt der Pak-Choi-Salat von Seite 60 hervorragend als Beilage.

SPANFERKELRÜCKEN

MIT TERIYAKI, WILDEM BROKKOLI UND GEBACKENER FRÜHLINGSROLLE

FÜR 4 PERSONEN

FÜR SPANFERKELRÜCKEN UND GEMÜSE

- 800 g Spanferkelrücken ohne Knochen und Schwarte, mit Fett
- Salz, frisch gemahlener schwarzer Pfeffer
- 600 g wilder Brokkoli

FÜR DIE TERIYAKISAUCE

- 100 ml Mirin
- 100 g Honig
- 200 ml Sojasauce
- etwas Speisestärke

FÜR DIE FRÜHLINGSROLLEN

- 1 Karotte
- ¼ Knollensellerie
- ¼ Spitzkohl
- ½ Stange Lauch
- 125 g Mini-Mais
- etwas Sonnenblumenöl
- 1 EL Austernsauce
- 1 TL gerösteter Sesam
- Sesamöl
- Salz, frisch gemahlener schwarzer Pfeffer
- 1 Prise Zucker
- 4 Blätter Frühlingsrollenteig
- 1 l Frittierfett

AUSSERDEM

- 1 Pfirsich
- Sonnenblumenöl
- 20 g Butter

ZUBEREITUNGSZEIT:
1 STUNDE 30 MINUTEN

SPANFERKELRÜCKEN UND GEMÜSE
Für den Spanferkelrücken das Fleisch am Fett mit einem sehr scharfen Messer rautenförmig einritzen. Mit Salz und Pfeffer würzen und auf dem Fettrand goldfarben anbraten, dann in den Backofen geben und bei 160 °C circa 6 Minuten garen. Das Fleisch sollte nun eine Kerntemperatur von 53 °C haben. Herausnehmen und an einem warmen Ort ruhen lassen.

Den Brokkoli putzen, hierbei das untere Ende mit einem scharfen Messer circa 5 mm breit abschneiden und die Blättchen abzupfen. Den Brokkoli in reichlich gesalzenem Wasser gar kochen. In Eiswasser abschrecken und gut abtropfen lassen.

TERIYAKISAUCE
Mirin, Honig und Sojasauce miteinander aufkochen, um die Hälfte reduzieren lassen und mit etwas Speisestärke abbinden.

FRÜHLINGSROLLEN
Die Karotte und den Sellerie schälen und in feine Streifen schneiden, wer mag, kann sie auch gern über die Vierkantreibe reiben. Den Spitzkohl vom Strunk befreien und ebenfalls in feine Streifen schneiden.

Den Lauch in feine halbe Ringe schneiden, gründlich waschen und gut abtropfen lassen. Den Mini-Mais in feine Scheiben schneiden.

Das geschnittene Gemüse in einer Pfanne mit etwas Sonnenblumenöl anbraten, mit 1 EL Austernsauce ablöschen und mit Sesam, Sesamöl, Salz, Pfeffer und 1 Prise Zucker abschmecken. Das Gemüse auskühlen lassen.

Den Frühlingsrollenteig ausbreiten und das Gemüse darin einwickeln, die Enden mit etwas Wasser bestreichen und gut verschließen.

FERTIGSTELLEN
Den Pfirsich halbieren, den Stein entfernen und in 12 Spalten schneiden. Zusammen mit dem Brokkoli in einer Pfanne mit etwas Sonnenblumenöl anbraten, mit Salz und Pfeffer würzen.

Die Frühlingsrollen in 160 °C heißem Frittierfett goldbraun frittieren. Den Spanferkelrücken in einer Pfanne mit etwas Butter nachbraten.

FASANEN-KARAAGE

MIT CHILI-MAYONNAISE

FÜR 4 PERSONEN

FÜR DAS FLEISCH UND DIE MARINADE

- 800 g Fasanenfleisch ohne Knochen (Unterkeule oder Brust)
- Salz
- frisch gemahlener schwarzer Pfeffer
- 1 Knoblauchzehe
- 1 cm frischer Ingwer
- 100 ml Sojasauce
- 100 ml Mirin
- 100 ml Sake
- 1 TL Honig

FÜR DIE MAYONNAISE

- Mayonnaise (siehe Grundrezept Seite 221)
- Chiliöl (optional)
- Chiliflocken (optional)

FLEISCH UND DIE MARINADE

Das Fasanenfleisch putzen, von Sehnen und Silberhaut befreien und in walnussgroße Stücke schneiden. Mit Salz und Pfeffer würzen.

Knoblauch und Ingwer schälen, fein reiben und zu den Fasanenstücken geben. Sojasauce, Mirin, Sake und Honig miteinander vermengen und dazugeben. Für mindestens 1 Stunde kalt stellen und in der Marinade ziehen lassen.

MAYONNAISE

Die Mayonnaise nach Grundrezept (Seite 221) zubereiten und optional mit Chiliöl und Chiliflocken abschmecken.

Fortsetzung: nächste Seite ↘

MIESMUSCHELN

IM TOM-KHA-SUD

FÜR 4 PERSONEN

- 1 kg Miesmuscheln
- 1 Knoblauchzehe
- 1 Schalotte
- 1 Stange Zitronengras
- 1 cm frischer Ingwer
- 5 Limettenblätter
- Sonnenblumenöl
- 1 l Kokosmilch

AUSSERDEM

- 1 großes Blatt Pergamentpapier

ZUBEREITUNGSZEIT:
1 STUNDE

Die Miesmuscheln wässern. Die Muscheln dafür in eine große Schale mit reichlich kaltem Wasser geben. Nach 30 Minuten das Wasser erneuern.

Den Knoblauch schälen und in feine Scheiben schneiden. Die Schalotte schälen und in feine Ringe schneiden.

Das äußerste Blatt vom Zitronengras entfernen. Das Zitronengras in feine Streifen schneiden. Den Ingwer schälen und in feine Scheiben schneiden. Die Limettenblätter in feine Streifen schneiden.

Den Knoblauch in einer Pfanne mit etwas Sonnenblumenöl bei mittlerer Hitze goldbraun rösten. Die Schalotten hinzugeben und ebenfalls mitrösten. Mit Kokosmilch ablöschen, Zitronengras, Limettenblätter und Ingwer hinzugeben, einmal aufkochen lassen und vom Herd ziehen.

Ein großes Blatt Pergamentpapier zuschneiden, für einige Minuten in Wasser einweichen und in eine ofenfeste Form geben.

Die gewässerten Muscheln abgießen, abtropfen lassen, auf das Pergament legen und mit dem Kokossud übergießen. Das Pergamentpapier vorsichtig zusammenziehen und mit einem Bindfaden verschließen.

Im vorgeheizten Backofen bei 210 °C circa 12 Minuten garen.

FASANEN-KARAAGE

MIT CHILI-MAYONNAISE

FÜR 4 PERSONEN

FÜR DAS FLEISCH UND DIE MARINADE

- 800 g Fasanenfleisch ohne Knochen (Unterkeule oder Brust)
- Salz
- frisch gemahlener schwarzer Pfeffer
- 1 Knoblauchzehe
- 1 cm frischer Ingwer
- 100 ml Sojasauce
- 100 ml Mirin
- 100 ml Sake
- 1 TL Honig

FÜR DIE MAYONNAISE

- Mayonnaise (siehe Grundrezept Seite 221)
- Chiliöl (optional)
- Chiliflocken (optional)

FLEISCH UND DIE MARINADE

Das Fasanenfleisch putzen, von Sehnen und Silberhaut befreien und in walnussgroße Stücke schneiden. Mit Salz und Pfeffer würzen.

Knoblauch und Ingwer schälen, fein reiben und zu den Fasanenstücken geben. Sojasauce, Mirin, Sake und Honig miteinander vermengen und dazugeben. Für mindestens 1 Stunde kalt stellen und in der Marinade ziehen lassen.

MAYONNAISE

Die Mayonnaise nach Grundrezept (Seite 221) zubereiten und optional mit Chiliöl und Chiliflocken abschmecken.

Fortsetzung: nächste Seite

FÜR DEN SALAT

- 4 Pak Choi
- je 1 gelbe und 1 rote Chilischote
- 1 Bund Koriander
- 5 EL Mirin
- 2 EL Sojasauce
- 2–3 EL Limettensaft
- 2 EL Reisessig
- etwas gerösteter Sesam
- etwas Sesamöl
- Salz
- frisch gemahlener schwarzer Pfeffer

ZUM FERTIGSTELLEN

- 150 g Reismehl
- 150 g Kartoffelstärke
- 2 l Fett zum Frittieren
- Chiliflocken (optional)

ZUBEREITUNGSZEIT:
35 MINUTEN +
1 STUNDE MARINIERZEIT

SALAT

Das untere Ende vom Pak Choi ½ cm abschneiden, die einzelne Blätter abzupfen, gründlich waschen und trocken schleudern. Die Chilischoten waschen und in feine Ringe schneiden. Koriander waschen, trocken tupfen und vom Stiel zupfen.

Mirin, Sojasauce, Limettensaft und Reisessig vermengen und den Salat damit anmachen. Mit Sesam, Sesamöl, Salz und Pfeffer abschmecken.

FERTIGSTELLEN

Reismehl und Stärke miteinander vermengen. Das Fasanenfleisch aus der Marinade nehmen und in der Mehl-Stärke-Mischung panieren.

Das Fett in einem hohen Topf auf 160 °C erhitzen. Die Fasanenstücke nach und nach langsam hineingeben und darin goldbraun frittieren. Auf einem Küchentuch abtropfen lassen, je nach Geschmack mit Chiliflocken garnieren.

TIPP

Anstelle von Fasanenfleisch kann man auch gut Poularde oder Huhn verwenden.

TONKOTSU-RAMEN

MIT NUDELN, SHIITAKE UND SCHWEINEBAUCH

FÜR 4 PERSONEN

FÜR DEN SCHWEINE-BAUCH UND DIE BRÜHE

- 1,2 kg Schweineknochen, Schweinefüße, Schweineschwänze
- 1 große Zwiebel
- 2 Karotten
- 1 Stange Lauch
- 4 Frühlingszwiebeln
- 3 Knoblauchzehen
- 4 cm frischer Ingwer
- 6 Shiitakepilze
- 500 g Schweinebauch ohne Schwarte und Knorpel, mit Fett
- Salz
- 1 TL Chiliflocken
- etwas Sojasauce
- etwas Mirin
- etwas Miso
- etwas Chiliöl
- etwas Butter

SCHWEINEBAUCH UND BRÜHE

Die Fleischteile in einem Topf mit kaltem Wasser bedecken, kurz aufkochen und abgießen. So entfernt man unerwünschte Trübstoffe. Die abgegossenen Fleischteile gründlich abwaschen, hierbei dunkle Stellen und Blutadern entfernen, da diese die Brühe braun färben würden. Die Fleischteile erneut in einem Topf mit kaltem Wasser bedecken und zum Kochen bringen.

In der Zwischenzeit das Gemüse putzen und gründlich waschen. Die Zwiebel mit der Schale halbieren. Die Karotten, den Lauch sowie die Frühlingszwiebeln in grobe Stücke schneiden, 2 Knoblauchzehen schälen und halbieren. Den Ingwer mit der Schale längs in Scheiben schneiden. Die Shiitakepilze halbieren. Das Gemüse auf den breiten Schnittflächen in einer Pfanne ohne Öl scharf anrösten und mit in den Topf zu dem Fleisch geben.

Die Brühe aufkochen und die Temperatur verringern, sodass sie langsam vor sich hin köchelt. Mit einem Deckel abdecken. Falls zu viel Flüssigkeit verdampft, mit etwas Wasser auffüllen, sodass die Knochen immer bedeckt sind. Mindestens 8 Stunden köcheln lassen, bis die Brühe milchig und fettig aussieht.

Den Schweinebauch einmal im oberen Drittel von links nach rechts bis circa 1 cm vor Ende einschneiden. Dann in der unteren Hälfte von rechts nach links bis circa 1 cm vor Ende einschneiden. Den Schweinebauch flach aufklappen und zwischen Frischhaltefolie oder Backpapier bis auf 1 cm Dicke plattieren. Die dritte Knoblauchzehe schälen und fein hacken. Den Schweinebauch mit Salz, Chiliflocken und gehacktem Knoblauch marinieren und von vorn nach hinten möglichst eng zusammenrollen, sodass eine feste Rolle entsteht. Mit Bindfaden oder im Bratschlauch fixieren und für 4 Stunden in der Ramen-Brühe mitkochen, bis das Fleisch schön weich ist. Herausnehmen und gut abkühlen lassen.

Die Brühe durch ein feines Sieb passieren. Erneut aufkochen und um circa ¾ der Menge einkochen lassen. Die Brühe mit Sojasauce, Mirin, Miso, Chiliöl und Butter abschmecken.

Fortsetzung: nächste Seite

FÜR DIE EINLAGE

- 2 Eier
- etwas Sojasauce
- 1 Paket Ramen-Nudeln (250 g)
- Shiitatepilze
- Koriander
- 1 Frühlingszwiebel
- Schweinebauch (siehe Teilrezept)

ZUM FERTIGSTELLEN

- etwas Sonnenblumenöl zum Braten
- etwas gerösteter Sesam

AUSSERDEM

- Bindfaden oder Bratschlauch

ZUBEREITUNGSZEIT: SIEHE TIPP

EINLAGE

Die Eier circa 7 Minuten lang kochen. Abschrecken, direkt pellen, in eine Schale geben, mit Sojasauce bedecken und ziehen lassen. Die Ramen-Nudeln nach Anleitung kochen und abschrecken.

Die Shiitakepilze in Scheiben schneiden. Den Koriander waschen, trocken tupfen und vom Stiel zupfen. Die Frühlingszwiebel in feine Ringe schneiden.

Den Schweinebauch mit einem scharfen Messer oder auf der Aufschnittmaschine dünn aufschneiden. Mithilfe eines Flambierbrenners abflämmen.

FERTIGSTELLEN

Die Shiitakepilze in einer Pfanne mit etwas Öl anbraten und in eine Schale geben. Die Nudeln aufrollen und ebenfalls in die Schale geben. Die Ramen-Brühe aufschäumen und eingießen. Mit Ei, Schweinebauch, Frühlingszwiebel, Sesam und Koriander garnieren.

TIPP

Das Thema Zeit spielt bei diesem Rezept eine wichtige Rolle. Am besten kocht man die Brühe über zwei Tage hinweg. Am ersten Tag ansetzen und kochen lassen. Je länger sie kocht – nach circa 12 Stunden ist die Brühe »gesättigt« und kann nichts mehr aufnehmen –, desto mehr Kollagen und Fett werden gelöst. Dies trägt zu einem cremigen, vollmundigen Geschmack bei. Über Nacht kalt stellen und am nächsten Tag dann um circa drei Viertel der Ausgangsmenge reduzieren lassen.

ASIATISCHER PFIFFERLING-TOMATEN-SALAT

MIT SESAM UND GEGRILLTEM REHRÜCKEN AM SPIESS

FÜR 4 PERSONEN

- 800 g gemischte bunte kleine und große Tomaten nach Wahl und Saison (z. B. Ochsenherztomaten, grüne Tomaten, Cocktailtomaten)
- 300 g Pfifferlinge
- 1 Bund Koriander
- 2 Knoblauchzehen
- 2 cm frischer Ingwer
- 2 Stangen Zitronengras
- 1 Chilischote
- 1 Bio-Limette
- etwas Sonnenblumenöl
- 1 TL geröstetes Sesamöl
- 2 EL Reisessig oder Weißweinessig
- 1 EL Sojasauce
- etwas Sonnenblumenöl zum Braten
- Salz
- frisch gemahlener schwarzer Pfeffer
- 1 Strang Rehrücken (ca. 400–500 g)
- 4 EL heller und schwarzer Sesam
- 1 Prise Zucker
- 12 Scheiben eingelegter Sushi-Ingwer

AUSSERDEM

- 4 Holzspieße

ZUBEREITUNGSZEIT: 35 MINUTEN

Die bunten Tomaten waschen, halbieren, vom Strunk befreien und in Stücke schneiden. Die Pfifferlinge putzen, hierfür die Stiele mit einem kleinen Messer minimal abschneiden und mit einem Pinsel Erdreste entfernen. Die Pfifferlinge nur wenn's wirklich nötig ist unter Wasser waschen. Koriander waschen, trocken tupfen und vom Stängel zupfen.

Knoblauch und Ingwer schälen. Das äußerste Blatt vom Zitronengras entfernen. Ingwer, Knoblauch und Zitronengras sehr fein reiben. Die Chilischote in feine Ringe schneiden. In eine Schale geben und den Saft der Limette, 5 EL Sonnenblumenöl, Sesamöl, Reis- oder Weißweinessig und Sojasauce hinzugeben.

Die Pfifferlinge in einer heißen Pfanne mit wenig Öl stark anbraten, mit Salz und Pfeffer würzen.

Das Fleisch in 3 cm dicke Scheiben schneiden und auf Holzspieße aufspießen. Mit Salz und Pfeffer würzen, mit Sesam bestreuen und in einer Pfanne mit etwas Sonnenblumenöl von beiden Seiten jeweils 1 Minute lang anbraten.

Tomaten, Pfifferlinge und Koriander mit der Marinade marinieren und mit Salz, Pfeffer und 1 Prise Zucker abschmecken.

Anrichten und mit etwas eingelegtem Sushi-Ingwer garnieren.

ASIATISCHE RINDERROULADE

MIT KORIANDERNOCKEN UND GEBRATENEN KRÄUTERSEITLINGEN

FÜR 4 PERSONEN

FÜR DIE ROULADEN

- 4 Scheiben Rinderrouladen
- 20 Shiitakepilze
- 1 Stück Ingwer
- 1 Stange Zitronengras
- 2 Knoblauchzehen
- 2 Schalotten
- 1 Bund Koriander
- 1 Karotte
- ¼ Spitzkohl
- etwas Sonnenblumenöl
- Salz
- frisch gemahlener schwarzer Pfeffer

FÜR DEN FOND

- ¼ Knollensellerie
- 1 Karotte
- ½ Lauch
- 4 Knoblauchzehen
- 1 Zwiebel
- 2 cm frischer Ingwer
- 1 Stange Zitronengras
- 1 Chilischote
- etwas Sonnenblumenöl
- 1 TL Tomatenmark
- 1 Sternanis
- 1 Zimtstange
- 250 ml Rotwein
- 1,5 l Gemüsebrühe oder Wasser
- 50 ml Sojasauce
- etwas Speisestärke (optional)
- Salz, Pfeffer

ROULADEN

Die Rinderrouladen-Scheiben in Frischhaltefolie packen und mit einem Gewicht plattieren.

Die Shiitakepilze vom Stiel befreien und in Scheiben schneiden. Den Ingwer schälen und in 4 circa 3 mm dicke Scheiben schneiden. Diese fein würfeln.

Das Zitronengras erst etwas andrücken, danach circa 4 cm des unteren Stückes in sehr feine Ringe schneiden. Die Knoblauchzehen schälen und ebenfalls fein hacken. Die Schalotten schälen, halbieren und in feine Würfel schneiden. 6 Stängel Koriander in feine Streifen schneiden. Die Karotte schälen und über die Vierkantreibe raspeln. Den Spitzkohl in sehr feine Streifen schneiden.

Die Shiitakepilze in einer Pfanne mit etwas Sonnenblumenöl scharf anbraten. Karotten und Spitzkohl hinzugeben und mit anschwitzen. Ingwer, Zitronengras, Knoblauch und Schalotte hinzugeben, alles miteinander vermengen und gut anbraten. Die Masse aus der Pfanne auf ein Schneidebrett legen. Mit einem Messer gut durchhacken, den Koriander hinzugeben und mit Salz und Pfeffer würzen.

Die plattierten Rinderrouladen auf ein Brett legen. Mit Salz und Pfeffer würzen. Die Pilzmasse darauf verteilen, das Fleisch von den Seiten links und rechts einklappen, von unten nach oben hin aufrollen und jeweils mit einer Rouladennadel feststecken.

Die Rouladen in einem Bräter mit etwas Sonnenblumenöl von allen Seiten kräftig anbraten und wieder herausnehmen.

FOND

Sellerie, Karotte und Lauch waschen und in walnussgroße Stücke schneiden. Den Knoblauch in der Schale zerdrücken. Die Zwiebel schälen und grob würfeln.

Den Ingwer in Streifen schneiden. Das Zitronengras andrücken und in Stücke schneiden. Die Chilischote in Ringe schneiden. Dabei eine Hälfte für später zur Seite legen.

Fortsetzung: nächste Seite ↘

FÜR DIE KORIANDER-NOCKEN
- Gnocchi-Teig (siehe Grundrezept Seite 218)
- ½ Bund Koriander
- etwas Salz
- 12 Kräuterseitlinge
- etwas Sonnenblumenöl

ZUM ANRICHTEN
- ½ Bund Koriander
- gerösteter Sesam

AUSSERDEM
- 4 Rouladennadeln

ZUBEREITUNGSZEIT: 3 STUNDEN 35 MINUTEN

Sellerie, Karotte, Knoblauch, Zwiebeln, Ingwer, Zitronengras und ½ Chili in dem Bräter mit etwas Sonnenblumenöl anbraten. Das Tomatenmark hinzugeben und kurz mitrösten. Gewürze und Lauch hinzugeben. Mit dem Rotwein ablöschen und um mindestens drei Viertel der Menge einkochen lassen. Mit 1,5 l Gemüsebrühe oder Wasser auffüllen. Die Sojasauce hinzugeben.

Die Rouladen zu dem Fond in den Bräter geben. Sie müssen mit der Flüssigkeit bedeckt sein. Gegebenenfalls mit Wasser oder Gemüsebrühe nachfüllen und bei mittlerer Hitze circa 3 Stunden leicht köcheln lassen.

Die fertigen Rouladen aus dem Bräter nehmen, den Fond passieren und einkochen lassen. Gegebenenfalls mit etwas Speisestärke abbinden und mit Salz und Pfeffer abschmecken.

KORIANDERNOCKEN

Den Gnocchi-Teig nach Rezept herstellen, hier ½ Bund fein geschnittenen Koriander in die Kartoffelmasse geben. Die Kartoffelmasse in 3 Teile teilen. Jeweils 1 Teil mit beiden Händen auf einer bemehlten Arbeitsfläche zu einer gleichmäßigen circa 3 cm dicken Rolle rollen. Mit einem Messer oder einer Teigkarte leicht schräg abstechen. Im Salzwasser gar kochen, herausnehmen und gut abtropfen lassen.

Die Pilze je nach Größe halbieren oder vierteln.

Gnocchi, Pilze und die beiseitegelegte ½ Chilischote in einer heißen Pfanne mit etwas Sonnenblumenöl anbraten.

Gnocchi, Pilze, die Rouladen und den Fond auf Tellern anrichten und mit Koriander und geröstetem Sesam garnieren.

TIPP

Der asiatische Schmorsud lässt sich auf vielerlei Weise einsetzen. Kalbsbäckchen, Rehhaxen oder auch Poulardenkeulen lassen sich in ihm herrlich mit einer leichten asiatischen Note schmoren.

Wenn ich meine Sauce nicht ganz so dunkel haben möchte, zum Beispiel für Huhn oder Kalb, nehme ich anstatt Rotwein einfach Weißwein und lasse das Tomatenmark weg.

DIM-SUM

MIT KARAMELLISIERTEN GARNELEN

FÜR 4 PERSONEN

- 12 Garnelen
- 100 g Tofu
- 1 Bund Koriander
- gerösteter Sesam
- 3 Chilischoten
- 24 Blätter Dim-Sum-Teig
- 1 Eiweiß
- etwas Sonnenblumenöl
- 200 ml Sojasauce
- 200 ml Mirin
- 200 ml Gemüsebrühe
- 30 g Butter

ZUBEREITUNGSZEIT: 45 MINUTEN

Die Garnelen pulen und zusammen mit dem Tofu in kleine Würfel schneiden. Koriander waschen, trocken tupfen, vom Stängel zupfen und die Hälfte in feine Streifen schneiden. Die andere Hälfte für die Garnitur zur Seite legen. Mit 1 TL geröstetem Sesam vermengen. Die gesamte Masse auf einem Schneidebrett durchhacken, dadurch bindet das Garnelenfleisch und die Dim-Sum-Masse fällt beim Garen nicht auseinander.

Die Chilischoten in feine Ringe schneiden.

Die Dim-Sum-Teigblätter ausbreiten und mit Eiweiß bepinseln. Je circa 1 EL der Garnelen-Tofu-Masse auf jedes Dim-Sum-Teigblatt geben, die Seiten hochziehen und in Falten legen. Dies kann man auch gut in einem kleinen Anrichtering oder Keksausstecher machen.

Die Dim Sum in einer Pfanne mit etwas Sonnenblumenöl an der Unterseite leicht anbraten. Sojasauce, Mirin und Gemüsebrühe sowie den Großteil der geschnittenen Chilischoten – ein wenig zum Garnieren zurückbehalten – hinzugeben und abgedeckt 5–7 Minuten garen lassen.

Den Deckel runternehmen, Butter hinzugeben und vorsichtig durchschwenken. Gegebenenfalls noch 3–4 Minuten offen köcheln lassen, damit sich die Flüssigkeit reduziert und durch die Bindung der Butter sämig wird.

Mit dem restlichen gerösteten Sesam, Chili und frischem Koriander garnieren.

P I L Z E

EINE ANDERE JAGD - DIE MAGIE DER PILZE

Wer das letzte Buch kennt, weiß schon, dass wir Füchse eine unbändige Leidenschaft für das Pilzesammeln haben. Es war also klar, dass diesmal die Pilze ein eigenes Kapitel bekommen. Pilze sind für uns ein Hobby und eine Zutat, die uns jeden Sommer begeistert. Wenn die Nächte warm und regnerisch waren, ahnen wir, dass »da was gehen muss«. Nachts im Bett sehe ich manchmal immer noch Pilze vor meinem inneren Auge – echte Pilzträume!

Steinpilze sind hier am meisten zu finden. Sie gedeihen an Stellen, die gut gehütete Familiengeheimnisse sind. Solche Pilzplätze werden quasi vererbt und haben sogar Decknamen, damit niemand anderes sie entdeckt. Wir drehen die Pilze übrigens vorsichtig raus, statt sie abzuschneiden, um das Risiko zu minimieren, dass die Wurzel zu schimmeln beginnt.

Aber das Pilze-Sammeln hatte in den letzten Jahren auch seine Tücken. Der Trend, in die Natur zu gehen und Pilze zu sammeln, ist stark angestiegen. Plötzlich rennen überall Menschen durch den Wald, und nicht alle wissen, was sie tun. Das stört natürlich die Wildruhe und führt oft dazu, dass alles rausgerissen wird, was nach Pilz aussieht. Wichtig ist aber vor allem, nur Pilze zu sammeln, die man sicher bestimmen kann – sonst kann es gefährlich werden.

Pilze bieten eine unglaubliche Vielfalt an Geschmacksrichtungen und Zubereitungsmöglichkeiten. Der Parasolpilz ist super und lässt sich perfekt panieren und ausbraten – wir machen daraus zum Beispiel ein falsches Schnitzel, serviert mit Bratkartoffeln und Preiselbeeren könnte man fast denken, man hätte ein Kalbsschnitzel auf dem Teller! Der Hexenröhrling ist ein besonderer Fall: Schneidet man ihn an, wird er blau, was ein wenig seltsam aussieht. Doch keine Angst, er hat ein wunderbar nussiges Aroma und ist super in Pilzpfannen oder zu Nudeln. Man muss nur den Unterschied zum Gallenröhrling kennen, der ähnlich aussieht, aber bitter ist. Der Pfifferling, unser Klassiker, ist fantastisch in Eierspeisen, auf einem Steak oder zu Wildgerichten.

Und dann wäre da noch der König unter den Pilzen: der Steinpilz. Er ist in jungen Jahren sogar roh ein Genuss, wie in dem Carpaccio aus unserem letzten Buch. Ansonsten einfach in der Pfanne angeschwitzt oder in einer cremigen Sauce mit Pasta – topp!

Wir nutzen meistens Wildpilze, aber auch Pilze aus Kulturen haben ihren Platz in unserer Küche. In Deutschland gibt es immer mehr kleine Pilzfarmen, die in Tunneln oder alten Garagen Pilze züchten, und sogar Sets für zu Hause, mit denen man selbst Pilze kultivieren kann. Ein echter Spaß für Pilzliebhaber.

SPIELWEG Klassiker

GANZ UND GAR SPIELWEG – UNSERE KLASSIKER

Es gibt diese Gerichte, die einfach zum Spielweg gehören. Sie sind mehr als nur klassische Gerichte. Sie sind ein Stück Zuhause und ein Teil unserer Geschichte. Wie der Rehrücken – den haben wir wieder mit ins Buch aufgenommen, weil er einfach immer dazugehört. Für viele unserer Gäste ist es eine vertraute Konstante, die sie seit 20, 30 oder sogar 40 Jahren genießen. Das Schöne ist, dass man bei uns das bekommt, was man liebt, und zwar genau so, wie man es in Erinnerung hat – wie auch die Forelle Riesling: ein Gericht, das mein Vater schon immer gemacht hat. Pochierte Forelle im Rieslingsud, dazu Rieslingschaum, Karotten, Sellerie und Dampfkartoffeln – das ist so gut. Das Gericht steht nicht ständig auf unserer Karte, aber wenn wir es anbieten, dann ist es wie eine kleine kulinarische Zeitreise. Manchmal setzen wir es auf die Extra-Karte und jedes Mal, wenn es wieder da ist, fühlt es sich an wie ein Stück Heimat auf dem Teller.

Ein weiteres Highlight, das man bei uns nicht verpassen darf, ist der Bibeleskäs. Das ist ein typisch badischer Frischkäse, der mit Schalotten, Paprikapulver, Salz, Pfeffer und frischen Kräutern abgeschmeckt wird. Einfach auf selbst gebackenes Brot streichen, ein paar Radieschen dazu. Keine badische Vesper ohne Bibeleskäs!

Und dann gibt es da noch die charmante Geschichte mit meinem Vater und dem elsässischen Wurstsalat. Er ist viel unterwegs, entweder auf der Jagd oder er gibt einen seiner vielen Kurse und verpasst schon mal unser Familienessen um Punkt 18 Uhr. Wenn das passiert, bestellt er telefonisch »Menü 1« – das ist sein persönlicher Code für Wurstsalat mit Pommes und Mayonnaise (Ketchup ist ein No-Go!). Jeder in unserem Team weiß sofort, was gemeint ist. Wurstsalat ohne Käse, nicht zu sauer, nicht zu schwimmend und dazu richtig knusprige Pommes – herrlich! Manchmal denken wir ernsthaft darüber nach, diesen Klassiker offiziell auf unsere Karte zu setzen – er wäre definitiv ein Renner!

Ich finde es unglaublich schön, wenn jemand durch unser Kochbuch den Weg zu uns findet und all diese Klassiker auf unserer Speisekarte entdeckt. Es geht darum, ein Stück Spielweg-Geschichte zu erleben und den Geschmack von damals zu genießen.

FORELLE RIESLING

FÜR 4 PERSONEN

- 6 Kartoffeln
- 3 Karotten
- ½ Knollensellerie
- 2 Schalotten
- 1 Bund Schnittlauch
- 1 Bund Petersilie
- 1 Stange Lauch
- 2 Wacholderbeeren
- 1 Lorbeerblatt
- 2 TL Salz
- 2 TL Zucker
- 750 ml Gemüsebrühe
- 550 ml Riesling
- 200 g Butter
- 4 Forellenfilets

ZUBEREITUNGSZEIT:
1 STUNDE

Kartoffeln, Karotten, Sellerie und Schalotten schälen. Schnittlauch und Petersilie waschen und trocken tupfen. Schnittlauch in feine Ringe schneiden, Petersilie vom Stiel zupfen und in feine Streifen schneiden.

Die äußerste Schicht vom Lauch entfernen, den Lauch halbieren und unter fließendem Wasser waschen. Den hellen Teil vom Lauch in feine Streifen schneiden. Karotten und Knollensellerie ebenfalls in feine Streifen schneiden.

Wacholder andrücken und zusammen mit dem Lorbeer in ein Gewürzsäckchen geben. Schalotten klein schneiden und zusammen mit dem in feine Streifen geschnittenen Gemüse, den Gewürzen, Salz und Zucker in einen Topf geben. Mit Brühe und Riesling aufgießen und aufkochen, circa 10 Minuten köcheln lassen, dann vom Herd nehmen. Die Hälfte der Gemüsestreifen herausnehmen und zur Seite legen.

Die kalte Butter in Würfel schneiden.

Die Kartoffeln je nach Größe halbieren oder vierteln. In Salzwasser gar kochen.

Den Fond erneut aufkochen. Die Forellenfilets halbieren, leicht salzen und im Fond bei geringer Hitze circa 7–8 Minuten gar ziehen lassen. Aus dem Fond nehmen, die Haut abziehen und sofort servieren.

Dafür den Fond samt Schalotten und Gemüsestreifen sehr fein mixen und die kalte Butter nach und nach hinzugeben. Mit Salz und Pfeffer abschmecken und die geschnittene Petersilie hinzugeben.

Die zur Seite gelegten Gemüsestreifen in einen tiefen Teller geben, Fisch und Kartoffeln darauflegen. Mit der Sauce angießen und mit Schnittlauch garnieren.

GRATINIERTER MARKKNOCHEN

MIT GERÖSTETEM BROT

FÜR 4 PERSONEN

FÜR DIE KRÄUTER-KRUSTE

- 125 g Kräuter (nach Wahl, z. B. Petersilie, Thymian, Liebstöckel, Schnittlauch)
- 125 g Butter (Zimmer-temperatur)
- 75 g Paniermehl
- Salz
- frisch gemahlener schwarzer Pfeffer
- Abrieb von 1 Bio-Zitrone

FERTIGSTELLEN

- 4 halbierte Mark-knochen vom Rind
- 8 Scheiben Brot
- ca. 50 g Butter
- Fleur de Sel

ZUBEREITUNGSZEIT: 1 STUNDE 20 MINUTEN INKLUSIVE KÜHLZEIT

KRÄUTERKRUSTE

Für die Kräuterkruste die Kräuter waschen, trocken tupfen, vom Stiel zupfen und sehr fein hacken. Die Butter schaumig schlagen. Die Butter mit Kräutern und Paniermehl vermengen, mit Salz und Pfeffer würzen und mit dem Zitronenabrieb abschmecken. Die fertige Masse auf ein Stück Frischhaltefolie geben und straff zu einer Rolle zusammendrehen. Für mindestens 1 Stunde kalt stellen.

FERTIGSTELLEN

Den Knochen bei 175 °C circa 10 Minuten im Ofen erhitzen. Die Kräuterkruste in 3 mm dicke Scheiben schneiden und den Markknochen damit belegen. Den Backofen auf Oberhitze/Grill umstellen, gegebenenfalls die Temperatur erhöhen und den Knochen einige Minuten goldbraun gratinieren lassen.

Das Brot von beiden Seiten mit Butter bestreichen und in einer Pfanne goldbraun anbraten.

Mit Fleur de Sel servieren.

TIPP

Die Kräuterkruste ist mengenmäßig zu viel für dieses Gericht, kann aber wunderbar eingefroren werden und zu jeglichem Stück Fleisch, Fisch oder Gemüse gegeben werden.

BIBELESKÄS

AUF SAUERTEIGBROT MIT RADIESCHEN

FÜR 4 PERSONEN

- 1 Bund Radieschen
- 1 Schalotte
- 1 Bund Schnittlauch
- 200 g Quark
- 200 g körniger Frischkäse
- 100 g Ricotta
- Salz
- frisch gemahlener schwarzer Pfeffer
- etwas Zucker
- Paprikapulver
- Rapsöl
- 1 Bio-Zitrone
- 4 Scheiben Sauerteigbrot

ZUBEREITUNGSZEIT: 25 MINUTEN

Die Radieschen waschen, trocken tupfen und in feine Scheiben hobeln. Die Schalotte schälen und in feine Würfel schneiden. Den Schnittlauch waschen, trocken tupfen und in feine Ringe schneiden.

Quark, körnigen Frischkäse, Ricotta und Schalotten miteinander vermengen und mit Salz, Pfeffer, Zucker, Paprikapulver, Rapsöl und etwas Zitronensaft abschmecken.

Das Brot mit dem Bibeleskäs bestreichen und mit den gehobelten Radieschen und dem geschnittenen Schnittlauch garnieren.

GEBRATENER HIRSCHKALBSRÜCKEN

MIT ROTKOHL, QUITTE UND MOHN-SCHUPFNUDELN

FÜR 4 PERSONEN

FÜR DEN ROTKOHL

- 1 kg Rotkohl
- 1 Flasche trockener Rotwein
- 4 EL Apfelessig
- 500 ml Johannisbeersaft
- 500 ml Apfelsaft
- 2 Lorbeerblätter
- 2 Nelken
- 1 Stange Zimt
- Salz
- 2 Zwiebeln
- 2 Äpfel (saure Sorten wie z. B. Boskop oder Granny Smith)
- 3 EL Schmalz (am besten Enten- oder Gänseschmalz)
- 2 EL Zucker
- ca. 1 l Brühe (Geflügel- oder Rinderbrühe)
- frisch gemahlener schwarzer Pfeffer

FÜR DIE SCHUPFNUDELN

- 100 ml Milch
- 40 g Mohn geschrotet
- 16 g Grieß
- 10 g kalte Butter
- Schupfnudel-Teig (Rezept siehe Seite 219)

ROTKOHL

Die äußeren Blätter des Rotkohls entfernen, den Kohl vierteln und den Strunk herausschneiden. Den Rotkohl nun in dünne Streifen schneiden und in eine große Schüssel geben. Mit Rotwein, Apfelessig, Johannisbeersaft und Apfelsaft marinieren. Lorbeer, Nelken und Zimt hinzugeben, leicht salzen und alles gut vermengen.

Die Zwiebeln schälen und fein würfeln. Die Äpfel schälen, das Kerngehäuse entfernen und ebenfalls fein würfeln.

Das Schmalz in einem ausreichend großen Topf erhitzen und die Zwiebeln darin glasig anschwitzen. Mit 2 EL Zucker bestreuen und diesen leicht karamellisieren lassen. Rotkohl und Äpfel dazugeben und kurz mitdünsten.

Die Brühe hinzugeben, mit Salz und Pfeffer würzen, abgedeckt bei mittlerer Hitze circa 1 Stunde lang gar köcheln lassen. Gelegentlich umrühren.

SCHUPFNUDELN

Für die Mohnmasse die Milch mit dem Mohn und dem Grieß aufkochen und quellen lassen. Die kalte Butter unterrühren. Den Teig nach Rezept (siehe Seite 219) zubereiten. Die Mohnmasse einarbeiten. Gegebenenfalls mit etwas Mehr Mehl arbeiten, da die Mohnmasse doch recht feucht ist.

Fortsetzung: nächste Seite

REZEPT FÜR GRUND-JUS

- 2 rote Zwiebeln
- Parüren vom Hirschkalbsrücken
- etwas Sonnenblumenöl
- 1 Zweig Thymian
- 1 Zweig Rosmarin
- ½ TL Mélange-Noir-Pfeffer
- 1 Sternanis
- 150 ml roten Portwein
- 150 ml Johannisbeersaft
- 1,5 l Grund-Jus
- Salz (optional)
- Zucker (optional)
- etwas Speisestärke (optional)

FÜR DIE QUITTE

- 1 Quitte
- 2 EL Zucker
- 50 ml Weißwein
- 200 ml Apfelsaft
- etwas Speisestärke

FÜR DEN HIRSCHKALBSRÜCKEN

- 800 g Hirschkalbsrücken ohne Knochen
- Salz
- frisch gemahlener schwarzer Pfeffer
- etwas Sonnenblumenöl
- 20 g Butter
- 2 Zweige Thymian

ZUBEREITUNGSZEIT: 2 STUNDEN 30 MINUTEN

GRUND-JUS

Die Zwiebeln schälen und klein schneiden. Zusammen mit den Parüren vom Hirschkalb in einem Topf mit etwas Sonnenblumenöl anbraten. Thymian, Rosmarin, Mélange-Noir-Pfeffer und Sternanis kurz mit anrösten. Mit Portwein ablöschen und einkochen lassen. Mit Johannisbeersaft auffüllen und Grund-Jus hinzugeben. Die Sauce um ein Drittel der Menge reduzieren. Nach Geschmack mit Salz und Zucker abschmecken und gegebenenfalls mit etwas Speisestärke abbinden.

QUITTE

Die Quitte schälen und mit einem Kugelausstecher ausstechen. 2 EL Zucker in einem Topf karamellisieren lassen. Mit Weißwein ablöschen, einkochen lassen und mit Apfelsaft auffüllen. Die Quittenkugeln darin einige Minuten garen lassen. Den Sud mit etwas Speisestärke abbinden.

HIRSCHKALBSRÜCKEN

Den Hirschkalbsrücken von Sehnen und Silberhaut befreien, mit Salz und Pfeffer würzen und in einer heißen Pfanne von beiden Seiten jeweils 1 Minute in etwas Sonnenblumenöl anbraten.

Bei 160 °C circa für 6–8 Minuten in den vorgeheizten Backofen geben. Wenn das Fleisch eine Kerntemperatur von 46 °C erreicht hat, herausnehmen und an einem warmen Ort ruhen lassen. Später in einer heißen Pfanne mit Butter und Thymian nachbraten.

TIPP

Dieses Rezept verschlingt eine Menge Zeit. Wenn man alles selbst machen möchte und nicht auf gekaufte Produkte zurückgreifen mag, kann man es jedoch sehr gut vorbereiten. Der Rotkohl hält im Kühlschrank mindestens sieben Tage, somit kann man den gern vorkochen. Auch Schupfnudeln kann man gern einen Tag vorher zubereiten. Die Sauce kann man ebenfalls einige Tage vorher herstellen. Wer mag, bereitet gleich die doppelte Menge zu und füllt sie noch heiß in ein Weckglas mit Schraubverschluss. Im Kühlschrank hält sie so mehrere Tage.

BOEUF BOURGUIGNON

MIT HASELNUSSSPÄTZLE

FÜR 4 PERSONEN

- 1,2 kg Rindfleisch (Schulter oder Wade)
- 10 Scheiben Bauchspeck
- 4 Knoblauchzehen
- 2 rote Zwiebeln
- 2 Karotten
- ¼ Knollensellerie
- etwas Butterschmalz
- 2 EL Tomatenmark
- 3 EL Mehl
- 500 ml trockener Rotwein
- 1 l Wild- oder Rinderbrühe
- 4 Lorbeerblätter
- 5 Stängel Petersilie
- 3 Zweige Thymian
- 2 Zweige Rosmarin
- Salz
- frisch gemahlener schwarzer Pfeffer
- etwas Speisestärke (optional)

FÜR DIE SPÄTZLE

- Spätzleteig (Rezept siehe Seite 218)
- 100 g gemahlene Haselnüsse

FÜR DIE GARNITUR

- 250 g Champignons
- 12 Perlzwiebeln
- 8 Scheiben Bauchspeck
- etwas Butterschmalz

AUSSERDEM

- Küchengarn

ZUBEREITUNGSZEIT:
4 STUNDEN

Das Fleisch putzen, von Sehnen und Silberhaut befreien und in circa 3 cm große Würfel schneiden. Den Speck in Streifen schneiden.

Knoblauch, Zwiebeln, Karotten und Sellerie schälen und in circa. 1 × 1 cm große Würfel schneiden.

Den Speck in einem ofenfesten Bräter in etwas Butterschmalz knusprig anbraten, herausnehmen und auf einem Küchentuch abtropfen lassen. Das Fleisch im selben Topf portionsweise rundherum braun anbraten und wieder herausnehmen.

Knoblauch, Zwiebeln, Karotten und Sellerie im Bräter anbraten, Tomatenmark hinzugeben und kurz mitrösten lassen. Mit Mehl bestäuben, mit 250 ml Rotwein ablöschen und einkochen lassen. Wenn die Flüssigkeit verdunstet ist, erneut mit dem restlichen Rotwein ablöschen.

Fleisch, Speck und Brühe hinzugeben. Nun sollte alles gut bedeckt sein. Eventuell mit Wasser auffüllen.

Lorbeer, Petersilie, Thymian und Rosmarin waschen und trocken tupfen, mit einem Küchengarn zusammenbinden und hinzugeben. Mit Salz und Pfeffer würzen.

Einmal auf dem Herd aufkochen lassen und danach bei 110 °C für circa 2,5–3 Stunden langsam im Backofen schmoren lassen. Hierbei ist es wichtig, das Fleisch nach spätestens 2 Stunden zu kontrollieren.

SPÄTZLE

Die Spätzle nach Rezept zubereiten, hierbei 100 g Spätzlemehl durch 100 g gemahlene Haselnüsse ersetzen.

GARNITUR

Die Champignons vierteln, die Perlzwiebeln halbieren und die Speckstreifen dritteln. Alles in einer Pfanne mit etwas Butterschmalz anbraten.

Das fertig gegarte Fleisch aus dem Ofen holen, den Kräuterbund entfernen und gegebenenfalls mit etwas Speisestärke abbinden.

SPIELWEGER WURSTSALAT

FÜR 4 PERSONEN

- 2 Eier
- 6 Kirschtomaten
- 1 Kopf Salat (Lollo rosso, Lollo bianco oder Eichblatt)
- 2 Essiggurken
- 1 Bund Schnittlauch
- 600 g Lyoner (in Scheiben)
- 150 g Emmentaler (in Scheiben)
- Apfel- oder Weißweinessig
- Sonnenblumenöl
- 1 TL mittelscharfer Senf
- Salz
- frisch gemahlener schwarzer Pfeffer

ZUBEREITUNGSZEIT: 35 MINUTEN

Die Eier hart kochen, abschrecken, pellen und vierteln. Die Kirschtomaten waschen und halbieren.

Den Salat waschen und trocken schleudern. Die Essiggurken halbieren und fächerförmig aufschneiden. Den Schnittlauch wasch, trocken tupfen und in feine Ringe schneiden.

Die Lyoner und den Emmentaler in feine Streifen schneiden. Mit Essig, Öl und Senf marinieren und mit Salz und Pfeffer abschmecken.

TAFELSPITZTERRINE

MIT KRÄUTERQUARK, BRATKARTOFFELN UND FELDSALAT

FÜR 4 PERSONEN

FÜR DIE TERRINE
- 1 Kalbstafelspitz
- Salz
- frisch gemahlener schwarzer Pfeffer
- etwas Sonnenblumenöl
- 2 Karotten
- ½ Knollensellerie
- 50 g Totentrompeten-Pilze
- 1 l Rinderbrühe
- 1 EL grober Senf
- 16 Blatt Gelatine

FÜR DEN FELDSALAT
- 200 g Feldsalat
- 2 EL Olivenöl
- 1 EL dunkler Balsamicoessig
- Salz
- frisch gemahlener schwarzer Pfeffer
- 1 Prise Zucker
- 2 Radieschen

TERRINE
Tafelspitz putzen, hierbei von Sehnen und Silberhaut befreien, mit Salz und Pfeffer würzen und in einer heißen Pfanne in etwas Sonnenblumenöl von beiden Seiten scharf anbraten.

Im vorgeheizten Backofen bei 160 °C garen, bis eine Kerntemperatur von 53 °C erreicht ist. Dies dauert circa 15 Minuten. Dann herausnehmen und kalt stellen.

Karotten und Sellerie schälen und in feine Würfel schneiden. In reichlich gesalzenem Wasser weich kochen, danach in Eiswasser abschrecken. Die Totentrompeten-Pilze in kaltem Wasser einweichen, gut ausdrücken und fein hacken.

Den abgekühlten Tafelspitz mithilfe eines scharfen Messers oder einer Aufschnittmaschine in feine Würfel schneiden.

Die Brühe aufkochen, mit Salz, Pfeffer und Senf abschmecken, hierbei leicht überwürzen.

Die Gelatine für 5 Minuten in Eiswasser einweichen, gut ausdrücken und in die warme (nicht mehr kochende!) Brühe geben. Im Eisbad unter Rühren leicht anziehen lassen. Jetzt Tafelspitz, Sellerie, Karotte und Totentrompeten-Pilze hinzugeben und in eine mit Frischhaltefolie ausgelegte Terrinenform geben. Für mindestens 6 Stunden kalt stellen, am besten über Nacht.

FELDSALAT
Den Feldsalat waschen, putzen und trocken schleudern. Mit Olivenöl und dunklem Balsamico marinieren und mit Salz, Pfeffer und 1 Prise Zucker abschmecken. Die Radieschen waschen und in feine Scheiben hobeln.

Fortsetzung: nächste Seite ↘

FÜR DIE BRATKARTOFFELN

- 800 g festkochende Kartoffeln
- 4 Scheiben Bauchspeck
- 1 Schalotte
- 1 Bund Blattpetersilie
- etwas Sonnenblumenöl
- 20 g Butter
- Salz
- frisch gemahlener schwarzer Pfeffer

FÜR DEN KRÄUTERQUARK

- 1 Bund Schnittlauch
- 500 g Quark oder körniger Frischkäse
- Salz
- frisch gemahlener schwarzer Pfeffer
- etwas Olivenöl

ZUBEREITUNGSZEIT: 4 STUNDEN + 1 TAG KÜHLUNG DER TERRINE

BRATKARTOFFELN

Die Kartoffeln waschen und in der Schale circa 20–25 Minuten ankochen. Abgießen und noch warm pellen. Auskühlen lassen und in Scheiben schneiden.

Den Speck in Streifen schneiden, die Schalotte schälen und in feine Würfel schneiden. Petersilie waschen, trocken tupfen, die Blättchen vom Stiel zupfen und in feine Streifen schneiden.

Die Kartoffelscheiben in einer Pfanne mit etwas Sonnenblumenöl von beiden Seiten goldbraun anbraten. In der Pfanne ein wenig Platz schaffen, Speck, Schalotte und Butter hinzugeben und kurz anschwitzen lassen. Alles gut durchschwenken, mit Salz und Pfeffer würzen und mit der geschnittenen Petersilie vermengen.

KRÄUTERQUARK

Den Schnittlauch waschen, trocken tupfen und in feine Ringe schneiden. Mit Quark oder körnigem Frischkäse vermengen und mit Salz, Pfeffer und 1 Schuss Olivenöl abschmecken.

TIPP

Bei Terrinen oder Pasteten die Massen oder Brühen immer leicht überwürzen, da sie nach dem Abkühlen weniger stark schmecken.

CONFIERTE ENTENKEULE

MIT ROSENKOHL UND SERVIETTENKNÖDEL

FÜR 4 PERSONEN

FÜR DIE ENTENKEULEN
- 4 Entenkeulen
- 2,5 l Enten- oder Gänsefett oder neutrales Öl

FÜR DEN PÖKELFOND
- 2 l Wasser
- 100 g Pökelsalz
- 80 g brauner Zucker
- 2 Lorbeerblätter
- 2 Nelken
- 2 Wacholderbeeren
- 4 weiße Pfefferkörner

FÜR DIE SERVIETTENKNÖDEL
- 3 Schalotten
- 1 EL Sonnenblumenöl
- 3 EL Butter
- 150 ml Milch
- 150 g Wecken/Brötchen vom Vortag
- 2 Eier
- Salz
- frisch gemahlener schwarzer Pfeffer
- etwas frisch gemahlene Muskatnuss
- reichlich Butterschmalz

FÜR DAS GEMÜSE
- 800 g Rosenkohl
- Salz
- 5 Stängel Blattpetersilie
- etwas Sonnenblumenöl
- frisch gemahlener schwarzer Pfeffer
- 1 Prise Zucker

ZUBEREITUNGSZEIT: 24 STUNDEN PÖKELN + WEITERE 4 STUNDEN ZUBEREITUNG

GEPÖKELTEN ENTENKEULEN

Die Entenkeulen 24 Stunden pökeln. Hierfür Wasser, Pökelsalz und braunen Zucker zusammen mit den Gewürzen in einem Topf aufkochen. Die Keulen in ein tiefes Gefäß geben und den abgekühlten Pökelfond hinzugeben.

Danach die Keulen aus der Pökellake nehmen, abtupfen und in einen Topf geben. Mit Gänse- oder Entenfett bedecken. Die Gewürze aus dem Pökelfond passieren und zu den Keulen geben. Alles mindestens 2,5 Stunden bei mittlerer Hitze (circa 85 °C) leicht sieden lassen. Die Keulen sind fertig, wenn sich das Fleisch leicht vom Knochen lösen lässt.

SERVIETTENKNÖDEL

Schalotten schälen, in feine Würfel schneiden und in einer Pfanne mit etwas Öl und Butter glasig dünsten. Milch hinzugeben und erhitzen. Die Wecken in Würfel schneiden, mit der erwärmten Milch-Schalotten-Mischung übergießen und 30 Minuten ziehen lassen. Die Eier trennen, das Eigelb in die Masse geben, gut einarbeiten, mit Salz, Pfeffer und Muskatnuss würzen. Das Eiweiß aufschlagen und vorsichtig unter die Masse heben.

Die Masse auf ein Stück Frischhaltefolie geben, zu einer 6–7 cm dicken Rolle formen und fest einwickeln. Anschließend mit Alufolie umwickeln, die Enden gut zudrehen und so fixieren. Die Rolle für circa 30 Minuten in leicht kochendem Wasser garen. Dann herausnehmen und kalt stellen.

GEMÜSE

Den Rosenkohl putzen, dabei die äußersten Blätter entfernen und halbieren. In reichlich gesalzenem Wasser gar kochen, danach in Eiswasser abschrecken. Die Petersilie waschen, trocken tupfen und vom Stiel zupfen. In feine Streifen schneiden.

FERTIGSTELLEN

Die Entenkeulen aus dem Fett nehmen und abtropfen lassen. Nun die Keulen auf ein tiefes Blech geben und circa 1 Fingerbreit Wasser hinzugeben. Den Backofen auf 180 °C vorheizen und die Keulen darin 10 Minuten erhitzen. Den Backofen auf Grillfunktion (oder Oberhitze) umschalten und bei 190 °C weitere 10–15 Minuten garen, bis die Entenhaut schön kross ist.

Die Serviettenknödel in Scheiben schneiden und in einer Pfanne bei mittlerer Hitze in Butterschmalz von beiden Seiten goldbraun anbraten.

Den Rosenkohl in einer Pfanne mit etwas Sonnenblumenöl anbraten. Mit Salz, Pfeffer und 1 Prise Zucker würzen. Petersilie hinzugeben.

JAGD

DER LEISE FUCHS IST UNTERWEGS

Dass ich keine Jägerin bin, hat sich wahrscheinlich inzwischen herumgesprochen. Die Aufgabe hat mein Mann Johannes an der Seite meines Vaters übernommen.

Aber ein paarmal bin ich doch mit meinem Vater mitgegangen und an eine Jagd kann ich mich ganz besonders gut erinnern. Ich war ungefähr 15 Jahre alt, es hatte kräftig geschneit und mein Vater wollte gerne mit mir im Neuschnee rausgehen.

IM

Es war ziemlich kalt, ich habe gefroren wie verrückt und als da plötzlich ein Fuchs vor uns im Winterwald angeschnürt, kam. Mein Vater wollte eigentlich nicht schießen, da er die Wildschweine nicht vergrämen wollte, wir hatten ja noch keine Bestätigung, dass sie tatsächlich da waren, Ich sagte, er solle endlich schießen, was er dann auch tat.

Durch den Schuss wurde eine zwischen den Felsen ruhende Überläufer-Rotte Sauen aufgescheucht. Da rannten sie also nun wie im Film an uns vorbei, mein Vater legte an und erlegte mit sauberem Schuss eine der schwarzen Gesellinnen.

Ich glaube, er hat sich noch nie so gefreut, auf mich gehört zu haben, wie in diesem Moment. Er hielt es dann auch für die größte Belohnung, mich die Sau im steilen Gelände bergen zu lassen.

SCHNEE

HALB SO WILD kreativ

EINFACH, ABER ANDERS

Kreativ zu sein, ist ein Teil unseres Berufs. Wir reisen viel, suchen nach Inspiration, nach spannenden Gerichten, anderen Einflüssen und entwickeln daraus immer wieder etwas Eigenes. Da ist zum Beispiel unser Club-Sandwich mit Kaninchen. Ich liebe Club-Sandwich und ich bin fest davon überzeugt, dass ich diese Liebe einer frühkindlichen Begegnung mit dem Schinken-Käse-Toast aus unseren Familien-Skiurlauben in Wolkenstein zu verdanken habe. Dort haben wir nämlich auf einer der schönen Hütten mittags immer Rast gemacht. Weil ich gerade in einer Trotzphase steckte, wollte ich aber immer das Gleiche essen: Schinken-Käse-Toast mit Kochschinken und Gouda aus dem Dreieckstoaster auf der Hütte Gran Paradiso. Klingt banal, war für mich aber damals die einzige Option und noch heute schmeckt es für mich nach Kindheit und Familienreise.

In meiner Ausbildung und später in meiner Zeit auf Schloss Elmau habe ich dann sehr viel Toast machen müssen, vor allem aber natürlich den Room-Service-Klassiker Club-Sandwich. Wobei die Qualität je nach Hotel doch ziemlich schwankt. Wenn es aber gut gemacht ist – Leute, ich kann euch sagen: Götterspeise! Normalerweise nutzt man neben den drei Scheiben Toast Poularde, Eier und Speck. Ich habe eine eigene Variante kreiert und verwende statt der Poularde gerne auch mal Kaninchen.

Kreativität bedeutet hier also nicht, dass wir etwas völlig Abgefahrenes machen, sondern dass wir einfache Gerichte abwandeln und zu etwas Besonderem machen. Neben der Südtiroler Kindheitserinnerung sind auch die Corn Fritters ein Mitbringsel. In diesem Fall aus einem Urlaub auf Bali, den ich aus unerfindlichen Gründen gebucht hatte. Auf die Gefahr hin, dass ich mich unbeliebt mache, aber die balinesische Küche hat uns nicht wirklich gepackt – zu viele Bowls, zu viel Nasi Goreng. Aber es gab eine Sache, die war ziemlich gut, nämlich diese Corn Fritters. Die gab es an jeder Ecke und die haben uns wirklich gerettet. Johannes macht sie hier mit frischem Mais, frischen Limettenblättern und dann werden sie wie Rösti ausgebraten. Das gelingt immer – Suchtgefahr!

Deshalb ist das Reisen für Köche auch so wichtig, damit wir andere Gerichte und Kulturen kennenlernen, uns inspirieren lassen und so herrliches Soulfood mit nach Hause bringen.

CEVICHE VOM KABELJAU

MIT KOKOSNUSS, LIMETTE UND PASSIONSFRUCHT

FÜR 4 PERSONEN

- 400 g Kabeljaufilet ohne Haut

FÜR DEN SUD
- 100 ml Kokosnuss-wasser
- 100 ml Kokosmilch
- 4 Bio-Limetten
- Salz
- frisch gemahlener schwarzer Pfeffer
- etwas Zucker
- 2 Passionsfrüchte
- ½ Bird-Eye-Chilischote (vom Asia-Markt; oder eine andere scharfe Sorte oder alternativ Chiliflocken)

FÜR DIE GERÄUCHERTE PAPRIKA-MAYONNAISE
- Mayonnaise (siehe Rezept Seite 221)
- Abrieb und Saft von 1 Bio-Limette
- etwas geräuchertes Paprikapulver

ZUM ANRICHTEN
- 1 Granatapfel
- Basilikum
- Kokosraspel
- 1 Chilischote, in feine Ringe geschnitten

ZUBEREITUNGSZEIT: 1 STUNDE

Das Kablejaufilet putzen und gegebenenfalls von der Haut nehmen. Mit einem scharfen Messer in kleine, circa 1,5–2 cm große Würfel schneiden.

SUD
Kokosnusswasser mit Kokosmilch, Abrieb von 1 Limette und Saft von 3 Limetten vermengen und gut durchmixen. Mit Salz, Pfeffer und Zucker abschmecken. Hier den Sud überwürzen, da der Fisch sehr viel der Gewürze aufnimmt.

Die Passionsfrüchte halbieren, die Kerne herauskratzen und in den Sud geben.

Die Chilischote in feine Ringe schneiden, 1 Limette filetieren und ebenfalls in den Sud geben.

GERÄUCHERTE PAPRIKA-MAYONNAISE
Die Mayonnaise nach Anleitung (siehe Seite 221) herstellen und mit Limettenschale und -saft sowie geräuchertem Paprikapulver verfeinern.

FERTIGSTELLEN
Den gewürfelten Kabeljau in den Sud geben und für mindestens 15 Minuten im Sud ziehen lassen, damit er genügend Zeit zum Garen hat.

Den Granatapfel halbieren und die Kerne herauspulen. Das Basilikum waschen, trocken tupfen und vom Stiel zupfen.

Die Kabeljauwürfel und Limettenfilets in Schalen geben und etwas Sud angießen. Mit Passionsfrucht, Basilikum, Chili, Mayonnaise, Kokosraspeln und Granatapfelkernen garnieren.

TIPP
Der Fisch sollte möglichst frisch sein, da er nicht erhitzt wird, sondern das Eiweiß des Fisches durch die in der Limette vorhandene Zitronensäure gart. Die Garzeit hängt von der Festigkeit und der Größe des geschnittenen Fisches ab.

Alternativ zu Kabeljau kann hier auch gut Dorade, Viktoriabarsch oder Seelachs verwendet werden.

KLEINER KARTOFFELRÖSTI

MIT LIMETTENBLÄTTERN UND GLASIERTER REHLEBER

FÜR 4 PERSONEN

› 1 Reh- oder Kalbsleber
› 6 Brombeeren
› 3 mittelgroße festkochende Kartoffeln
› 1 Karotte
› Salz
› 1 TL Speisestärke
› 2 Kaffir-Limettenblätter
› frisch gemahlener schwarzer Pfeffer
› ½ Spitzkohl
› 1 Bio-Limette
› 1 TL Erdnussöl
› 1 Spritzer Fischsauce
› etwas Zucker
› 200 g Sauerrahm
› 150 ml Sojasauce
› 80 g Honig
› 80 g kalte Butter
› Butterschmalz
› etwas Sonnenblumenöl
› 4 Stängel Koriander

ZUBEREITUNGSZEIT:
1 STUNDE 30 MINUTEN

Die Leber putzen, hierbei Adern und Arterien entfernen, die Haut gegebenenfalls abziehen und die Leber in Scheiben schneiden.

Die Brombeeren halbieren.

Die Kartoffeln und die Karotte schälen und in feine Streifen schneiden oder über die Vierkantreibe hobeln. Salzen, 5 Minuten ziehen lassen, gut ausdrücken und mit 1 TL Speisestärke vermengen. Die Kaffir-Limettenblätter in feine Streifen schneiden und hinzugeben. Mit Salz und Pfeffer würzen.

Den Spitzkohl fein schneiden. Den Saft von ½ Limette, Erdnussöl und Fischsauce vermengen und den Spitzkohl damit marinieren. Mit Salz, Pfeffer und 1 Prise Zucker abschmecken.

Den Sauerrahm mit dem Saft und Abrieb von ½ Limette vermengen und mit Salz, Pfeffer und 1 Prise Zucker abschmecken.

Sojasauce und Honig miteinander aufkochen, kalte Butter hineinmixen.

Eine Pfanne bei mittlerer Hitze erhitzen, Butterschmalz hineingeben und 4 gleich große Rösti darin ausbacken.

Die Leberscheiben in einer heißen Pfanne von beiden Seiten in etwas Sonnenblumenöl kurz anbraten. Brombeeren hinzugeben und kurz mit anschwitzen. Die Soja-Honig-Sauce hinzugeben, kurz aufkochen, Leber und Brombeeren aus der Pfanne nehmen und auf Tellern anrichten. Mit Koriander garnieren.

CORN FRITTERS

MIT LACHS-TATAKI, SAUERRAHM UND ROMANASALAT

FÜR 4 PERSONEN

FÜR DIE CORN FRITTERS
- 2 Maiskolben
- 5 Limettenblätter
- 3 Schalotten
- ½ Karotte
- 3 Eiweiß
- 3 EL Reismehl
- 1 EL Maisstärke
- etwas Cayennepfeffer
- etwas gemahlener Koriander
- Salz
- frisch gemahlener schwarzer Pfeffer
- Curry Madras

FÜR DEN SALAT, DEN SAUERRAHM UND DEN LACHS
- 2 Romanasalatherzen
- 200 g Sauerrahm
- Salz
- frisch gemahlener schwarzer Pfeffer
- Saft von 1 Bio-Limette
- 1 Bund Koriander
- 4 Lachsfilets (insgesamt ca. 600 g)
- 200 g Sesam
- etwas Sonnenblumenöl
- etwas frischer Koriander
- essbare Blüten (optional)

ZUBEREITUNGSZEIT: 45 MINUTEN

CORN FRITTERS
Mit einem scharfen Messer an dem Maiskolben entlangschneiden und die Körner dabei entfernen. Die Limettenblätter in feine Streifen schneiden. Die Schalotten schälen und in feine Streifen schneiden. Die Karotte schälen und in feine Würfel schneiden. Alle Zutaten miteinander vermengen und mit Cayennepfeffer, gemahlenem Koriander, Salz, Pfeffer und Madras-Curry abschmecken. In einer beschichteten Pfanne bei mittlerer Hitze runde Corn Fritters von circa 9 cm Durchmesser goldbraun ausbacken.

SALAT, SAUERRAHM UND LACHS
Den Romanasalat waschen, trocken schleudern und in feine Streifen schneiden. Den Sauerrahm mit Salz und Pfeffer würzen und mit dem Saft der Limette abschmecken. Koriander waschen, trocken tupfen und vom Stiel zupfen.

Den Lachs mit Salz und Pfeffer würzen und in Sesam wälzen.

Den Lachs in einer heißen Pfanne mit etwas Sonnenblumenöl kurz – circa 1 Minute – von allen Seiten scharf anbraten. Das Lachsfilet sofort aus der Pfanne nehmen und auf ein Schneidebrett legen. Mit einem scharfen Messer vorsichtig in Scheiben schneiden.

Mit Koriander und, wenn vorhanden, Blüten aus dem Garten garnieren.

BUTTER-CHICKEN

VON DER FASANENKEULE

FÜR 4 PERSONEN

FÜR DIE MARINADE
- 2 cm frischer Ingwer
- 2 Knoblauchzehen
- 2 EL Garam Masala
- 1 EL Kurkuma
- 1 TL gemahlener Koriander
- 1 TL Kreuzkümmel
- 250 g Joghurt
- 1 TL Chiliflocken
- Salz, Pfeffer

FÜR DAS FLEISCH
- 750 g Fasanenkeulenfleisch ohne Knochen
- etwas Sonnenblumenöl

FÜR DIE SAUCE
- 1 Zwiebel
- 1 cm frischer Ingwer
- 2 Knoblauchzehen
- 1 TL Garam Masala
- 1 EL Kurkuma
- 150 g Cashewkerne
- 500 g passierte Tomaten
- 200 ml Sahne
- 150 g kalte Butter
- Salz
- etwas Chiliflocken
- etwas gemahlener Koriander

ZUM FERTIGSTELLEN
- 250 g Basmatireis
- 1 Bund Koriander
- 500 g Joghurt
- Saft von 1 Bio-Limette
- Salz, Pfeffer
- 150 g Cashewkerne

ZUBEREITUNGSZEIT:
2 STUNDEN + 4 STUNDEN MARINIERZEIT

MARINADE
Den Ingwer und den Knoblauch schälen, beides sehr fein hacken. Mit allen weiteren Zutaten vermengen und mit Salz und Pfeffer abschmecken.

FLEISCH
Das Fasanenfleisch in walnussgroße Stücke schneiden. Das Fleisch in die Marinade legen und über Nacht oder mindestens für 4 Stunden im Kühlschrank ziehen lassen.

Dann das marinierte Fleisch in einen breiten Topf oder in einen Bräter geben und in mehreren Etappen von beiden Seiten in etwas Sonnenblumenöl scharf anbraten (Achtung, durch das im Joghurt marinierte Fleisch verbrennt es sehr schnell!) Das Fleisch aus dem Bräter nehmen.

SAUCE
Die Zwiebel, Ingwer und Knoblauch schälen und klein schneiden.

Zwiebel, Ingwer und Knoblauch in den Bräter zum Fleisch geben und kurz anschwitzen. Die Gewürze hinzugeben, kurz mitrösten, 150 g Cashewkerne hinzugeben und mitrösten und mit den passierten Tomaten ablöschen. Für mindestens 40 Minuten bei geringer Hitze köcheln lassen.

Sahne hinzugeben und weitere 5 Minuten kochen. Die Sauce in einem leistungsstarken Mixer sehr fein mixen. Kalte Butter beim Mixen nach und nach hinzugeben. Die Sauce zurück in den Bräter füllen. Das angebratene Fleisch hinzugeben und in circa 40 Minuten gar kochen. Mit Salz, Chili und gemahlenem Koriander nach Belieben abschmecken.

FERTIGSTELLEN
Den Reis nach Anleitung kochen.

Den Koriander waschen, trocken tupfen und vom Stiel zupfen. Den Joghurt mit dem Limettensaft, Salz und Pfeffer abschmecken. Die Cashewkerne kurz ohne Fett in einer Pfanne anrösten und das Ganze mit Koriander und gerösteten Cashewkernen servieren.

TIPP
Dieses Rezept lässt sich sowohl mit Fasanenkeule, Rehschulter, Rebhuhn, aber auch mit Perlhuhnkeule oder Poulardenkeule zubereiten.

CLUB-SANDWICH

MIT KANINCHENRÜCKEN

FÜR 4 PERSONEN

FÜR DIE BRIOCHE
- 80 ml Milch
- 5 g Zucker
- ½ Würfel frische Hefe
- 230 g Mehl (Weizenmehl Type 405)
- 5 g Salz
- 40 g Butter
- 1 Eigelb, 1 Ei
- etwas flüssige Butter

FÜR DIE COCKTAIL-SAUCE
- 2 EL Tomatenketchup
- 2 EL Mayonnaise
- 1 TL Senf
- 1 TL Meerrettich
- 1 TL Weinbrand
- Salz, frisch gemahlener schwarzer Pfeffer
- 1 Prise Zucker

FÜR DEN SANDWICH-BELAG
- 4 Stränge Kaninchenrücken
- Salz,frisch gemahlener schwarzer Pfeffer
- etwas Sonnenblumenöl
- 8 Scheiben Speck
- ½ Salatgurke
- 2 Tomaten
- 2 Romanasalatherzen
- 4 Eier
- 20 g Butter

ZUM FERTIGSTELLEN
- etwas Butterschmalz
- 20 g Butter

**ZUBEREITUNGSZEIT:
45 MINUTEN OHNE
BACKZEIT FÜR BRIOCHE**

BRIOCHE

Milch und Zucker in einem Topf leicht erwärmen und die Hefe darin auflösen. Mehl, Salz, zimmerwarme Butter und Eier in eine Rührschüssel geben. Die Milch-Zucker-Hefe-Mischung hinzugeben und 5 Minuten kneten. Den Brioche-Teig an einem warmen Ort 20–30 Minuten gehen lassen.

Den aufgegangenen Brioche-Teig kurz zusammenkneten, zur Rolle rollen und in eine rechteckige, gefettete Kastenform geben. Erneut 30 Minuten gehen lassen. Etwas Butter in einem Topf erwärmen und den Teig damit einpinseln. Den Backofen auf 160 °C vorheizen und circa 35 Minuten backen.

COCKTAILSAUCE

Alle Zutaten miteinander vermengen und mit Salz, Pfeffer und 1 Prise Zucker abschmecken.

SANDWICH-BELAG

Das Fleisch mit Salz und Pfeffer würzen und in einer Pfanne mit etwas Sonnenblumenöl von beiden Seiten kurz anbraten, herausnehmen und an einem warmen Ort ruhen lassen. Den Speck in der Pfanne knusprig braten, herausnehmen und auf einem Küchentuch abtropfen lassen. Die Gurke und die Tomaten waschen und in Scheiben schneiden. Die Blätter vom Salatherz zupfen, waschen und trocken schleudern. Die Eier in einer Pfanne von beiden Seiten in etwas Butter anbraten.

FERTIGSTELLEN

Die Brioche in Scheiben schneiden. Eine Pfanne bei mittlerer Hitze erwärmen, Butterschmalz in die Pfanne geben und die Brioche-Scheiben von beiden Seiten goldbraun anbraten. Brioche aus der Pfanne nehmen und alle Scheiben auf einem Brett verteilen. Den Kaninchenrücken in einer heißen Pfanne mit etwas Butter nachbraten, herausnehmen und aufschneiden.

ZUSAMMENBAU VON EINEM SANDWICH

Pro Sandwich 3 Scheiben Brioche mit etwas Cocktailsauce einstreichen. Die untere Scheibe mit Salat, Gurke und aufgeschnittenem Kaninchenrücken belegen. Eine weitere Scheibe Brioche darauflegen und mit Tomate, krossem Speck, Ei und Salat belegen. Für den Deckel Brioche mit der bestrichenen Seite nach unten auflegen. Mit einem Spieß fixieren.

TIPP

Hier kann man auch gut Poulardenfleisch, Hähnchenfleisch oder Rehfilet verwenden. Wir nehmen hier Brioche, man kann aber auch gut Toastbrot verwenden. Das Brioche-Grundrezept reicht für eine Kastenform und ist für superviele Rezepte einsetzbar. Auch pur mit Butter und Marmelade unschlagbar.

GEBRATENE PILZMAULTASCHEN

MIT LAUWARMEM BOHNENSALAT

FÜR 4 PERSONEN

FÜR DEN BOHNENSALAT UND DAS TOPPING

- 600 g Bohnen
- 300 g Pfifferlinge
- 8 gelbe Kirschtomate
- 1 Schalotte
- Salz

FÜR DIE MAULTASCHEN-FÜLLUNG

- 500 g Pilze
- 1 Zwiebel
- 2 Knoblauchzehe
- 4 Zweige Thymian
- 1 Zweig Rosmarin
- 8 Stängel Petersilie
- 100 g Wecken vom Vortag
- 100 ml Milch
- etwas Sonnenblumenöl
- 500 g gemischtes Hackfleisch
- 2 Eier
- Salz
- frisch gemahlener schwarzer Pfeffer
- etwas frisch gemahlene Muskatnuss

BOHNENSALAT UND TOPPING

Die Bohnen putzen und halbieren. Die Pfifferlinge putzen, hierfür den Stiel mit einem kleinen Messer minimal abschneiden und mit einem Pinsel Erdreste entfernen. Pfifferlinge nur wenn's wirklich nötig ist unter Wasser waschen.

Die Kirschtomaten waschen und halbieren. Die Schalotte schälen und in feine Würfel schneiden. Die Bohnen in reichlich gesalzenem Wasser gar kochen, danach in Eiswasser abschrecken und gut abtropfen lassen.

MAULTASCHENFÜLLUNG

Pilze putzen, Zwiebel und Knoblauch schälen und in feine Würfel schneiden. Die Kräuter waschen, trocken tupfen, vom Stiel zupfen und fein hacken. Die Wecken in warmer Milch einweichen und 5 Minuten ziehen lassen.

Die Pilze in einer Pfanne mit etwas Sonnenblumenöl kräftig anbraten. Schalotten und Knoblauch hinzugeben und mitbraten. Die gehackten Kräuter hinzugeben. Aus der Pfanne nehmen und auf einem Brett fein hacken.

Gemischtes Hack in eine Schüssel geben, die Pilzmischung, die Eier und die ausgedrückten Wecken hinzugeben und mit Salz, Pfeffer und Muskatnuss abschmecken.

Fortsetzung: nächste Seite

REHSCHNITZEL

MIT FELDSALAT, HASELNÜSSEN UND ZWETSCHGEN

FÜR 4 PERSONEN

› 500 g Feldsalat

FÜR DIE SCHNITZEL

› 400 g Rehkeule (am besten Oberschale)
› 8 Stängel Petersilie
› 3 Stängel Rosmarin

FÜR DAS DRESSING

› 150 ml Sonnenblumen-, Raps- oder Traubenkernöl
› 50 ml Rotwein- oder Apfelessig
› 1 TL Senf
› 1 Prise Zucker

FÜR DIE BEILAGEN

› 8 Scheiben Bauchspeck
› 60 g Haselnüsse (ganz, geschält)
› 4 Zwetschgen
› 2 EL Zucker
› 200 ml Rotwein
› etwas Mélange-Noir-Pfeffer

ZUM FERTIGSTELLEN DER SCHNITZEL

› Salz, Pfeffer
› 150 g Mehl
› 2 Eier
› 200 g Paniermehl
› gehackte Petersilie und Rosmarin (siehe Teilrezept)
› etwas Butterschmalz

ZUBEREITUNGSZEIT: 45 MINUTEN

Den Salat waschen, putzen und trocken schleudern.

SCHNITZEL

Das Fleisch in 4 Stücke schneiden (à 100 g) und zwischen einem Backpapier in dünne Schnitzel Klopfen.

Petersilie und Rosmarin waschen, trocken tupfen und sehr fein hacken.

DRESSING

Für das Dressing alle Zutaten miteinander vermengen und mit Salz, Pfeffer und 1 Prise Zucker abschmecken.

BEILAGEN

Den Speck in einer Pfanne knusprig braten. Die Haselnüsse im Backofen bei 160 °C in circa 10 Minuten goldbraun rösten.

Die Zwetschgen halbieren, vom Stein befreien und in Spalten schneiden. In einem Topf 2 EL Zucker karamellisieren lassen und mit Rotwein ablöschen. Zwetschgen hinzugeben und eindicken lassen. Mit Mélange-Noir-Pfeffer abschmecken.

FERTIGSTELLEN DER SCHNITZEL

Die Schnitzel mit Salz und Pfeffer würzen und nacheinander erst in Mehl, dann in Ei (bitte nicht mixen, sondern nur mit einer Gabel verquirlen, so soufflieren die Schnitzel beim Braten schöner) und zum Schluss mit Paniermehl-Kräuter-Gemisch panieren. Die Schnitzel in einer Pfanne mit etwas Butterschmalz goldbraun anbraten.

Spielweg

Johannes Fuchs
Viktoria Fuchs

MENSCHEN IM SPIELWEG

MEHR ALS EIN ORT – DIE GROSSE FAMILIE IM SPIELWEG

Was wäre der Spielweg ohne die Menschen, die diesen Ort bestimmen. Und damit meine ich nicht nur meine Familie, die ja inzwischen groß ist und immer weiterwächst. Nein, ich meine auch all die Mitarbeitenden, die hier jeden Tag alles geben, um unsere Gäste glücklich zu machen. Die unsere Philosophie weitergeben, für sie brennen und sich als Teil von uns allen fühlen. Da sind Menschen, die schon sehr lange da sind, und welche, die erst einige Jahre hier sind und doch schon richtig »verspielwegt« sind. Das zu sehen, ist für Kristin, Johannes und mich, die wir nun das Haus in nachfolgender Generation führen, unglaublich wertvoll. Denn nur so – und diese Überzeugung teilen wir drei aus ganzem Herzen – können wir erfolgreich sein. Mit einem Team, das zusammenhält. das sich mit Herz und Aufrichtigkeit begegnet. Wo es auch sicher mal rappelt im Karton, aber das einen immer weiterbringt und lernen lässt. Ein moderner Betrieb kann nur so funktionieren, denn als Führungsteam brauchen wir Menschen, auf die wir uns verlassen können. Und das können wir. Dieser Mix aus Mitarbeitenden, die den Spielweg stützen, macht diesen Ort so besonders.

LISA & CHRISTOPH – LINKE UND RECHTE HAND

Als ich im Spielweg angefangen habe, hatte ich, um ehrlich zu sein, keinen großen Plan. Mein Vater fiel aus, meine Mutter hatte genug zu tun außerhalb der Küche und ich hatte von Führung und der Rolle als Küchenchefin noch nicht wirklich Ahnung. Ich war einfach super ungeschult, habe natürlich Fehler gemacht, die ich heute sicher nicht mehr machen würde, und ja, wahrscheinlich war ich öfters mal ein bisschen überfordert. Drei Menschen waren in dieser Phase schon an meiner Seite: Johannes, mein Mann, Lisa und Christoph.

Ich möchte diese Zeilen nutzen, um den beiden eine kleine Abschlussrede mitzugeben. Denn Lisa und Christoph gehen neue Wege und kehren zurück zu Lisas Familie, was wir natürlich mit großer Wehmut, aber auch genauso viel Dankbarkeit betrachten. Christoph war all die Jahre unser Souschef und er hatte das Zepter in der Hand, wenn wir Montag und Dienstag nicht da oder im Urlaub waren. Dass er nach seiner Lehre bei meinem Vater und diversen Stationen innerhalb der Jeunes Restaurateurs zurück in den Spielweg gekommen ist, war für uns ein großer Glücksgriff. Er war ein loyaler Mitarbeiter, der führen kann, der sich immer weiterentwickelte, der einen tollen Geschmack und große Freude an seinem Beruf hat.

Lisa ist seine Frau. Beide kamen in einer Zeit, als es hier noch sehr unstrukturiert ablief. Wir haben alle im Teildienst gearbeitet, waren öfters mal am Anschlag. Lisa war am Anfang die größte Entremetier-Maschine. Was sie wegproduziert hat, war wirklich unfassbar. Gleichzeitig hat sie geschickt Listen geführt und Ordnung geschaffen, die bitter nötig war. Was für eine Power! Denn neben ihrem Kochtalent ist sie einfach ein riesengroßes Organisationstalent. So ist sie zu meiner linken Hand geworden und Christoph zu meiner rechten. Lisa hat mich vor allem auch bei den Büchern und beim Rezeptieren unterstützt und all die organisatorischen Dinge übernommen, die ich manchmal einfach nicht mehr überblickt habe. Abgesehen davon hat sie inzwischen zwei Kinder, sie hat all die Jahre die Dienstpläne kontrolliert und war immer fest an meiner Seite.

Lisa und Christoph, ich bin einfach tief dankbar, dass ihr einen so langen Weg mit uns gegangen seid. Ohne euch wäre es nicht so geworden, wie es ist. Ihr wisst, auch wenn ihr nun weiterzieht, hier findet ihr immer einen Platz, ihr gehört zu unserer Familie. Wir wünschen euch von Herzen alles Gute für eure neue Reise!

LINA

Lina kam wirklich genau zum richtigen Zeitpunkt – als die Spielweg-Rezeption vor einem Umbruch stand. Wir hatten früher Hotelpläne, auf denen wir mit einem Bleistift die An- und Abreisen der Gäste dokumentiert haben. Wenn die Gäste kamen, haben wir dies mit einem Kugelschreiber nachgefahren. Das hat Lina tatsächlich noch mitbekommen. Meine Schwester Kristin hat damals eine Anzeige geschaltet hier in der lokalen Zeitung. Linas Mutter hat sie gelesen und so kam Lina als frischgebackene Abiturientin mit Aupair-Jahr, aber ohne Hotelerfahrung, zu uns. Sie fing an und hatte gleich an ihrem ersten Tag ganz allein Spätdienst, während meine Schwester im Service gebraucht wurde. Das nenn ich mal Feuertaufe ... Ein Jahr lang hat sie dort gelernt, was es heißt, direkt am Gast zu sein. Nach einem Jahr hat sie dann ihr duales Studium begonnen und nach Abschluss ist sie geblieben und heute als unsere rechte Hand nicht mehr wegzudenken. Sie hat ein extrem gutes unternehmerisches Denken, ist eine hervorragende Führungskraft, sie hat alle operativen Dinge unter sich und ist ein fester Teil unseres Teams geworden, wobei sie vor allem für meine Schwester enorm wichtig ist. Beide sind ein super Team, nicht nur eingespielt, sondern sie verstehen sich einfach extrem gut.

Beide ticken sehr ähnlich – manchmal sage ich im Spaß, dass sie eine Mini-Kristin ist. Sie kann meine Schwester vertreten, ist top ausgebildet und hat einfach diese Erfahrung über all die Jahre gesammelt. Sie kann alle Positionen an der Rezeption vertreten. Sie organisiert die dualen Studenten, sie lernt die Spätdienste an, kümmert sich um die Veranstaltungen, sie ist das Gesicht hinter der Rezeption und alle kennen sie. Und heute ist sie die Assistenz der Geschäftsleitung und vertritt die Familie Fuchs, wenn keiner im Haus ist. Das ist ein großer Vertrauensbeweis und auch eine große Verantwortung. Und ganz wichtig: Lina und ich teilen eine Leidenschaft: Wir lieben es, als Esel verkleidet zu den Zunftabenden an der Fasnacht zu gehen. Und wir danken Kristin, dass sie die Dienstpläne extra so schreibt, dass wir an diesen Abenden auch freihaben. Lina, was für ein Glück, dass du da bist! Auf viele weitere sehr lustige Esel-Abende!

RAFFAEL

Raffael Raffi ist der einzige Koch im Spielweg, der schon vor mir in unserer Küche gearbeitet hat – mittlerweile sind das neun Jahre und ohne ihn können wir es uns einfach nicht mehr vorstellen. Dass er bei uns ist, haben wir seiner Tante Frau Meinhold zu verdanken, die vor zwölf Jahren aus Polen nach Deutschland gekommen ist. Sie blieb und erzählte von zwei Cousins, die auch gern hier arbeiten wollten. Und einer von ihnen war Raffi. Er hat in der Spüle angefangen, aber ein halbes Jahr später, als wir einen Entremetier suchten, hat er meiner Mutter erzählt, dass er eigentlich ausgebildeter Koch sei. Da haben wir natürlich nicht lang gefackelt und ihn an den Herd gestellt. Und seitdem ist er Chef Entremetier und hat sich durch eine Konstante und vor allem durch seine Liebe zum Spielweg einfach zu einer der beständigsten Mitarbeiter und Freunde der Familie entwickelt. Er kennt wirklich jeden Winkel im Spielweg, er hat alle Situationen mit uns durchlebt. Inzwischen hat er zwei Kinder mit seiner Frau Patrizia, die bei uns im Frühstücksdienst arbeitet.

Raffi bereitet morgens die herrlichsten Eierspeisen zu und seine Schupfnudeln sind sowieso legendär. Er ist nicht nur ein loyaler Mitarbeiter, er ist ein ganz wichtiger Teil von uns allen und diesem Ort. Er kam aus einem anderen Land und er hat hier nicht einfach »nur« eine Arbeit gefunden, sondern eben auch eine Familie. Übrigens: Raffi denkt, er sei der schönste Koch Deutschlands mit dem schönsten Hintern. Ich liebe seinen Humor. Raffi, du bist länger in der Küche als ich und du bleibst hoffentlich so lange wie ich!

makita

ANNETT ALIAS ANNEGRETH, WIE ICH SIE LIEBEVOLL NENNE

Um Annetts Weg zu uns zu erzählen, muss ich ein klein wenig ausholen. Das war nämlich ungefähr so: Wir hatten zwei Köche, die wollten Urlaub in London machen. Da der günstigste Flug ab Berlin ging, mussten die beiden nun also den Zug nach Berlin nehmen. In der Bahn saßen sie neben einer Dame, deren Tochter dringend eine Lehrstelle suchte. Und deren Freundin auch. Und das war Annett. Damals noch in Ostberlin und in einer Situation, in der sich Hunderte Bewerber auf genau zwei Stellen im Hotelfach bewarben. Weil es bei dem Andrang nicht geklappt hat, absolvierte Annett erst einmal eine Ausbildung als Facharbeiter für Schreibtechnik – so hieß das damals, wenn man Bürokauffrau werden wollte.

Aber dann rief die besagte Freundin an, frisch versorgt mit den Infos aus dem Zug von unseren beiden Köchen, die den Spielweg als Ausbildungsbetrieb empfohlen haben. Und so landeten zwei Bewerbungen aus Ostberlin 1991 im Spielweg und am 1. Juni begann die Ausbildung zur Hotelfachfrau.

Heute arbeitet Annett immer noch bei uns an der Rezeption, und das mit so viel Freude und einer bemerkenswerten Pedanterie im allerbesten Sinne. Sie ist unfassbar penibel, macht oft Früh- und Spätdienst. Sie findet garantiert jeden Fehler, kennt außerdem jeden Stammgast mit Namen, samt Kindern und Hund. Und sie liebt es zu arbeiten. Selbst im Mutterschutz hat sie schon mit den Hufen gescharrt und war glücklich, als sie endlich wieder an der Rezeption stehen konnte. Es war immer ihr Traum, an der Rezeption zu stehen, von Anfang an. Dort ist sie in ihrem Element und dort gehört sie hin.

Liebe Annett, du kennst mich nun mein ganzes Leben, hast mich aufwachsen sehen und bist ein ganz wichtiger Teil dieser großen Spielweg-Familie. Ich danke dir sehr dafür!

FRANK

Frank ist unser Hausmeister, unser Facility Manager und einer der vielen guten Seelen im Spielweg. Sein Weg zu uns ist schon ein wenig verschlungen. Er kam mit 16 Jahren über die Prager Botschaft aus der ehemaligen DDR mit seiner Mutter und seiner Schwester nach Freiburg. In einer Art Auffanglager in Freiburg geriet die Familie an einen Mitarbeiter vom Landratsamt, der immer zu uns zum Essen kam und gleichzeitig aus demselben Geburtsort kam wie Frank und seine Schwester. Dieser Herr hat die Fügung angeschubst und rief meine Großmutter kurz vor Weihnachten an mit einer Empfehlung für diese kleine Familie, denn Franks Mutter kam aus der Gastronomie und meine Großmutter hatte auch sofort eine Idee für den damals 16-Jährigen.

Uns so fing Frank dann an, neben der Schule bei uns Rasen zu mähen, das Schwimmbad aufzuräumen, Blumen zu gießen und alle möglichen Dinge hier zu übernehmen. Spüler war er und an der Theke hat er auch gestanden, also fast nichts, was Frank im Spielweg nicht schon gemacht hat. Selbst während seiner Ausbildung zum Industriemechaniker übernahm er die Sonn- und Feiertagsdienste an der Theke und half, wo er konnte. Nach seinem Abschluss ging er zunächst auf den Bau. Aber dann verschwand damals unser Hausmeister in einer Nacht- und Nebelaktion und meine Großmutter war so schnell wie geschickt und ernannte Frank zum Nachfolger. Das war 2000, und seitdem läuft hier quasi nichts ohne ihn. Er hält alle technischen Bereiche in Schuss, vom Fuhrpark über den Pool, von der IT bis zur Küche. Frank kennt sich aus wie keiner. Frank, wir sind so froh, dass du da bist und zu unserer Familie gehörst!

FABIAN

Fabian ist Restaurantfachmann – und was für einer! Er hat diesen Beruf nicht nur gelernt, er hat ihn auch verinnerlicht. Ausgebildet durch unseren ehemaligen Oberkellner Herrn Müller, hat Fabi alles mitbekommen, was man braucht, um in diesem Job wirklich richtig gut zu sein. Am Anfang hat er als Stationskellner gearbeitet, vor allem auch bei großen Veranstaltungen den Überblick behalten und außerdem viele Spätdienste übernommen. Auch nach seiner Ausbildung hat er alle Möglichkeiten wahrgenommen, sich weiterzubilden, hat seinen Ausbilderschein gemacht, das Weinseminar WSET 2 absolviert und berufsbegleitend an der Hotelfachschule in Köln seinen F&B-Manager gemacht. Seit letztem Herbst ist er hier mit Elli Restaurantleiter und hat so auch administrative Aufgaben übernommen.

Eine von Fabis unschätzbaren Talenten ist seine Fähigkeit, sich wirklich noch so kleine Wünsche und Besonderheiten unserer Gäste zu merken. Wirklich jede Vorliebe hat er in kürzester Zeit abgespeichert und ruft sie vollkommen selbstverständlich wieder ab. Diese Begabung ist ein großes Pfund in einem Haus wie dem unseren, denn so können wir unseren Gästen ganz persönlich und individuell begegnen und sie in der Zeit, die sie hier bei uns verbringen, maximal gut verwöhnen.

Fabi, bald acht Jahre Spielweg! Du hast schon so viel mit uns erlebt. Wir bewundern deinen Willen, dich immer weiterzuentwickeln und deine professionelle tolle Art, mit unseren Gästen umzugehen!

NICOLE

Nicole ist erst vier Jahre hier, aber wenn jemand mit absoluter Pokermiene 25 Spanferkel zerlegt und dabei keine Sekunde auch nur ein bisschen schwächelt, dann ist er – Pardon: sie – einfach unverkennbar und vollkommen richtig im Spielweg. Nicole ist die Sportskanone unter uns. Wir teilen dieselbe Leidenschaft: Biathlon. Während ich es mir aber nur im Fernsehen anschaue, war Nicole mal Leistungssportlerin und in der Auswahl für den Biathlon-Kader. Ich bin froh, dass sie sich dann doch anders entschieden hat. Aber immerhin ist sie immer noch so wahnsinnig, jeden Tag 45 Minuten mit dem Rad aus Staufen hierherzufahren (und natürlich auch wieder zurück). Das nenn ich zäh und ausdauernd.

Sie ist eine der kompromisslosesten Köchinnen, die ich kenne. Als Chef de Partie Saucier hat sie angefangen, und heute ist sie unsere Junior-Souschefin. Sie macht momentan den Gardemanger und kennt sich einfach hervorragend mit Fisch und Fleisch aus. Trotzdem hat sie dafür gesorgt, dass es auch vegetarische Gerichte beim Personalessen gibt und dass wir uns auch mal sportlich betätigen.

Nicole, du bist wirklich eine »Maschine«. Danke, dass du da bist!

ITALIENISCH mediterran

SCHWARZWÄLDER DOLCE VITA

Wer mich kennt, weiß, dass ich das italienische Lebensgefühl liebe – Temperament, Wärme, Dolce Vita und natürlich Pasta. Kein Kochbuch von mir wäre vollständig ohne eine ordentliche Portion Italien! Diese Küche schafft es, mit wenigen Zutaten immer wieder zu beeindrucken, ohne dass man stundenlang in der Küche stehen muss. Das ist im Alltag super, geht schnell und ist wahnsinnig lecker. Wichtig ist aber wie immer – die Produktqualität muss stimmen.

Um ehrlich zu sein: Ich bin eigentlich kein Risotto-Fan. Jeder, der mich gut kennt, weiß, dass ich normalerweise lieber vier Kilo Pasta am Tag essen würde als Risotto. Trotzdem hat es ein Risotto ins Buch geschafft – und das hat einen guten Grund. Es ist ein bisschen unkonventionell, weil es mit Tintenfischtinte gefärbt ist, was ihm eine tiefschwarze Farbe verleiht, die einfach cool aussieht und so wunderbar nach Meer schmeckt. Und der Clou: In der Mitte versteckt sich eine halbe Burrata. Die Kombination aus dem warmen, cremigen Risotto und der kalten, zarten Burrata ist einfach unwiderstehlich. Dazu noch ein Schuss Olivenöl und eine Prise schwarzer Pfeffer – das schmeckt einfach sensationell!

Ansonsten gilt: Pasta! Für mich gibt es nichts Besseres als eine perfekt al dente gekochte Pasta, die sich wunderbar mit der Sauce verbindet. Ich schwöre auf gute Hartweizengrieß-Pasta wie Rummo oder De Cecco – sie kosten vielleicht ein paar Euro mehr, aber das ist es absolut wert. Die Sauce haftet so herrlich an den Nudeln, dass man sich das aufwendige Selbermachen zumindest im Alltag sparen kann.

Und dann ist da noch Puttanesca – einfach genial! Angeblich haben sich früher die italienischen Kurtisanen dieses Gericht zwischen ihren »Terminen« gekocht, weil es schnell ging und außerdem der gute Duft Kunden anlockte. Ob das stimmt – keine Ahnung. Aber die Mischung aus Kapern, Sardellen, Oliven und Tomaten ist einfach großartig – ob als Sauce für Pasta oder als Füllung für Tortellini.

Was ich an der italienischen Küche besonders schätze, ist ihr Drive. Sie hat Herz und Gefühl, und das spürt man in jedem Bissen. Und hier, im wärmsten Teil Deutschlands, in unserer kleinen Toskana, ist diese Liebe zur mediterranen Küche fast selbstverständlich. Wir leben in einer Region, die so viel von Italien hat – deshalb gehört Italien einfach in dieses Buch.

LINGUINE

MIT ROTGARNELENTATAR

FÜR 4 PERSONEN

- 8 Garnelen
- Salz
- etwas Mélange-Noir-Pfeffer
- Abrieb von 1 Bio-Limette
- etwas Olivenöl
- 1 Paket Linguine (500 g)
- 40 g Butter
- frisch gemahlener schwarzer Pfeffer
- Saft von 1 Bio-Zitrone

ZUBEREITUNGSZEIT: 35 MINUTEN

Die Garnelen pulen und in feine Würfel schneiden. Mit Salz, Pfeffer, dem Limettenabrieb (etwas zum Garnieren beiseitelegen) und Olivenöl abschmecken.

Die Linguine nach Packungsanweisung gar kochen. Vor dem Abgießen 2 Kellen Nudelwasser abschöpfen und in einen Topf geben.

Butter und Nudeln hinzugeben, aufkochen und kräftig durchschwenken. Mit Salz, Pfeffer und dem Zitronensaft würzen.

Die Nudeln in tiefen Tellern anrichten, das Garnelentatar obendrauf geben und mit Mélange-Noir-Pfeffer und Limettenzesten garnieren.

RAVIOLI

GEFÜLLT MIT HÜHNERFRIKASSEE, DAZU GRÜNKOHL

FÜR 4 PERSONEN

FÜR DIE FÜLLUNG

- 2 Schalotten
- 2 Knoblauchzehen
- 200 g Champignons
- 6 Hähnchenkeulen ohne Knochen und ohne Haut
- etwas Sonnenblumenöl
- 200 ml Weißwein
- 250 ml Hühnerbrühe
- 200 ml Sahne
- 1 Bund Petersilie
- Salz
- frisch gemahlener schwarzer Pfeffer
- etwas frisch geriebene Muskatnuss

FÜR DIE SAUCE

- 1 Schalotte
- 1 Knoblauchzehe
- 200 g Champignons
- Thymian
- etwas Sonnenblumenöl
- 50 ml Weißwein
- 100 ml Hühnerbrühe
- 200 ml Sahne
- Salz
- frisch gemahlener schwarzer Pfeffer
- Speisestärke (bei Bedarf)

FÜLLUNG

Die Schalotten und den Knoblauch schälen und in feine Würfel schneiden. Die Champignons putzen und klein schneiden.

Die Hähnchenkeulen in einem heißen Topf in etwas Sonnenblumenöl von beiden Seiten anbraten. Schalotten, Knoblauch und Champignons hinzugeben und mit anschwitzen. Mit Weißwein ablöschen und komplett verkochen lassen. Mit Hühnerbrühe auffüllen, den Topf mit einem Deckel verschließen und das Hähnchen bei mittlerer Hitze weich schmoren.

Wenn das Fleisch schön weich geschmort ist, Sahne hinzugeben und so lange einkochen lassen, bis die gesamte Flüssigkeit verkocht ist, sonst ist die Füllung zu feucht, um sie als Ravioli-Füllung verarbeiten zu können. Das Hähnchenfleisch mithilfe zweier Gabeln fein zerrupfen. Die Petersilie waschen, trocken schütteln und klein schneiden, hinzugeben und mit Salz, Pfeffer und Muskat abschmecken.

SAUCE

Die Schalotte und den Knoblauch schälen und in feine Würfel schneiden. Die Champignons je nach Große vierteln oder sechsteln. Den Thymian waschen, trocken tupfen, vom Stiel zupfen und fein hacken.

Die Champignons in einem heißen Topf in etwas Sonnenblumenöl anbraten. Schalotten und Knoblauch hinzugeben und mit anschwitzen. Mit Weißwein ablöschen und verkochen lassen. Mit Brühe und Sahne auffüllen. Den gehackten Thymian hinzugeben und mit Salz und Pfeffer würzen.

Die Sauce gegebenenfalls mit etwas Speisestärke abbinden.

Fortsetzung: nächste Seite ↘

FÜR DIE RAVIOLI

- 1 Paket frischer Fertig-Nudelteig
- 1 Eigelb
- Füllung (siehe Teilrezept)
- Salz

ZUM FERTIGSTELLEN

- 500 g Grünkohl
- 20 g Butter
- 1 Kelle Nudelwasser (siehe Teilrezept)
- Ravioli (siehe Teilrezept)
- Salz
- frisch gemahlener schwarzer Pfeffer
- frisch geriebene Muskatnuss
- etwas frischer Majoran

ZUBEREITUNGSZEIT: 3 STUNDEN

RAVIOLI

Den Nudelteig ausrollen und mit einem Ausstecher mindestens 12 gleich große Kreise ausstechen. Diese mit Eigelb bepinseln und je 1 EL der Füllung mittig daraufgeben. Die Teigplatten zusammenklappen und gut verschließen. Am Rand in nicht zu großen Abständen ein paar Falten legen und aufrecht hinstellen. (Dies geht auch gut mit einem Ravioli-Former). In reichlich gesalzenem Wasser gar kochen.

FERTIGSTELLEN

Den Grünkohl vom Stiel zupfen und waschen.

In einer Pfanne etwas Butter zerlassen, 1 Kelle Nudelwasser hinzugeben, Grünkohl hineingeben und abgedeckt 2–3 Minuten garen lassen. Die fertig gegarten Ravioli aus dem Wasser nehmen und in die Pfanne zum Grünkohl geben. Mit Salz, Pfeffer und Muskat abschmecken.

Die Ravioli und den Grünkohl in tiefe Teller geben und die Sauce angießen. Mit frischem Majoran garnieren.

TAGLIATA

VOM HIRSCHKALBSRÜCKEN MIT BOHNEN, ARTISCHOCKEN UND KRÄUTER-GNOCCHI

FÜR 4 PERSONEN

FÜR DIE GNOCCHI
- Gnocchi (siehe Rezept auf Seite 218)
- Kräuter nach Belieben (Petersilie, Schnittlauch, Basilikum)

FÜR DAS FLEISCH
- 800 g Hirschkalbsrücken
- Salz
- frisch gemahlener schwarzer Pfeffer
- etwas Sonnenblumenöl

FÜR DAS GEMÜSE
- 400 g Bohnen
- Salz
- 2 Zweige Thymian
- 1 Schalotte
- 16 bunte Kirschtomaten
- 4 Artischockenböden
- etwas Olivenöl
- 100 ml Weißwein
- 20 g Butter
- frisch gemahlener schwarzer Pfeffer
- 1 Prise Zucker

ZUM FERTIGSTELLEN
- etwas Butter
- 1 Zweig Thymian
- 1 Bund Rucola
- 1 Stück Parmesan
- 1 Glas Pesto (siehe Rezept auf Seite 220)

ZUBEREITUNGSZEIT: 45 MINUTEN

GNOCCHI

Die Gnocchi nach Rezept herstellen, hierbei die Kräuter mit einarbeiten. Tipp: Wer es richtig grün mag, kann die Kräuter vorher blanchieren, in Eiswasser abschrecken und sehr fein mixen. Dann die gemixten Kräuter unter die Kartoffelmasse geben. Hierbei beachten, dass etwas mehr Mehl benötigt wird.

FLEISCH

Den Hirschkalbsrücken putzen und von Sehnen und Silberhaut befreien. Mit Salz und Pfeffer würzen und in einer Pfanne mit etwas Sonnenblumenöl von beiden Seiten kurz anbraten. Im Backofen bei 160 °C circa 8–10 Minuten lang garen, bis das Fleisch eine Kerntemperatur von 51 °C erreicht hat. Aus dem Ofen nehmen und an einem warmen Ort ruhen lassen.

GEMÜSE

Die Bohnen putzen und schräg in Stücke schneiden. In reichlich gesalzenem Wasser blanchieren, herausnehmen, in Eiswasser abschrecken und gut abtropfen lassen.

Thymian waschen, trocken tupfen, die Blättchen vom Stiel zupfen und fein hacken. Die Schalotte schälen und in feine Würfel schneiden. Die Kirschtomaten waschen und halbieren. Die Artischockenböden in Ecken schneiden und in einer Pfanne mit etwas Olivenöl scharf anbraten. Schalotten und Kirschtomaten hinzugeben und kurz mit anschwitzen. Mit Weißwein ablöschen, 20 g Butter und Thymian hinzugeben und kurz schmoren lassen, bis der Weißwein verkocht ist. Die Bohnen hinzugeben, kräftig durchschwenken und mit Salz, Pfeffer und 1 Prise Zucker abschmecken.

FERTIGSTELLEN

Das Fleisch in einer heißen Pfanne mit etwas Butter und 1 Zweig Thymian nachbraten. Mit Rucola, Parmesan und Pesto garnieren.

TIPP

Dieses Gericht ist super geeignet für die schnelle Sommerküche. Es braucht auch keine extra zubereitete Sauce, da wir durch das Pesto oder den Sud vom Gemüse ausreichend Sauce haben. Ich persönlich brauche auch keine Gnocchi, mir reicht schon ein schönes Stück Fleisch mit ausreichend Gemüse vollkommen für eine köstliche Mahlzeit.

RICOTTA-SPINAT-RAVIOLI

MIT STEINPILZEN UND WILDSCHWEINFILET

FÜR 4 PERSONEN

FÜR DIE RAVIOLI
- 300 g Spinat
- 1 Schalotte
- 1 Knoblauchzehe
- etwas Olivenöl
- Salz
- frisch gemahlener schwarzer Pfeffer
- frisch gemahlene Muskatnuss
- 500 g Ricotta
- 1 Paket frischer Fertig-Nudelteig
- 1 Eigelb

FÜR DAS FLEISCH
- 4 Wildschweinfilets
- Salz
- frisch gemahlener schwarzer Pfeffer
- etwas Sonnenblumenöl

FÜR DIE PILZE
- 600 g Steinpilze
- etwas Olivenöl

ZUM FERTIGSTELLEN
- etwas Butter
- etwas Kochwasser (siehe Teilrezept)
- 1 Bund Petersilie
- etwas Zucker
- 100 g Holunderbeeren

ZUBEREITUNGSZEIT: 1 STUNDE

RAVIOLI
Den Spinat putzen, waschen und trocken schleudern. Die Schalotte und den Knoblauch schälen und in feine Würfel schneiden. Den Spinat in einem großen Topf in etwas Olivenöl anschwitzen. Knoblauch und Schalottenwürfel hinzugeben und glasig mit anschwitzen. Mit Salz, Pfeffer und Muskat würzen. Den Spinat anschließend auf ein Sieb geben und gut ausdrücken. Auf ein Brett geben und gut durchhacken. Den Spinat in eine Schüssel füllen, Ricotta hinzugeben und mit Salz, Pfeffer und etwas Olivenöl abschmecken.

Den Nudelteig ausrollen und halbieren. Die eine Hälfte mit Eigelb bestreichen und mit einem Ausstecher 20 Kreise andeuten, dafür nur leicht eindrücken. Dies dient zur Orientierungshilfe. Auf diese Kreise dann jeweils 1 EL der Ricotta-Spinat-Masse geben. Die andere Hälfte des Teiges vorsichtig darauflegen, sodass die Masse vollständig bedeckt ist. Nun den Nudelteig vorsichtig festdrücken, damit sich keine Luft mehr im Inneren befindet, und mit dem Ausstecher ausstechen. Die Ravioli in reichlich gesalzenem Wasser gar kochen.

FLEISCH
Das Wildschweinfilet putzen, dabei von Sehnen und Silberhaut befreien. Mit Salz und Pfeffer würzen und in einer heißen Pfanne in etwas Sonnenblumenöl von beiden Seiten jeweils 1 Minute lang anbraten. Aus der Pfanne nehmen und im Backofen bei 160 °C circa 5 Minuten garen. Herausnehmen und an einem warmen Ort ruhen lassen.

PILZE
Die Steinpilze mit einem Pinsel putzen und von Erde und Steinchen befreien. Die Pilze fein hobeln und ganz kurz in einer heißen Pfanne in etwas Olivenöl farblos anbraten.

FERTIGSTELLEN
Butter in einer Pfanne aufschäumen. Die gekochten Ravioli mit ein wenig vom Kochwasser hineingeben, Basilikum hinzugeben und kurz durchschwenken. Die Ravioli aus der Pfanne nehmen. Das Wildschweinfilet in der Pfanne mit etwas Butter circa 1 Minute von beiden Seiten nachbraten und herausnehmen.

Etwas Zucker in die Pfanne hineinstreuen und karamellisieren lassen. Die Holunderbeeren hineingeben und darin 1 Minute köcheln. Herausnehmen und anrichten.

SEPIA-RISOTTO

MIT BURRATA UND FRITTIERTEM GRÜNKOHL

FÜR 4 PERSONEN

- 1 Schalotte
- 1 frischer Grünkohl
- 1,6 l Gemüsebrühe
- etwas Olivenöl
- 400 g Risotto-Reis
- 50 ml Weißwein
- 1 kleine Tüte Sepia
- etwas kalte Butter
- etwas Parmesan
- 1 Bio-Zitrone
- reichlich Sonnenblumenöl
- 2 Burrata
- frisch gemahlener schwarzer Pfeffer

ZUBEREITUNGSZEIT: 45 MINUTEN

Die Schalotte schälen und in feine Würfel schneiden. Den Grünkohl vom Stiel zupfen, waschen und trocken tupfen. Die Brühe erhitzen.

Die Schalotten in einem breiten Topf in etwas Olivenöl glasig anschwitzen. Risotto-Reis hinzugeben und kurz mit anschwitzen.

Mit Weißwein ablöschen und einkochen lassen. Den Reis mit warmer Brühe knapp bedecken. Unter ständigem Rühren bissfest gar kochen, hierbei immer wieder mit wenig warmer Brühe auffüllen.

Das fertig gegarte Risotto mit Sepia einfärben. Mit kalter Butter, Parmesan und etwas Zitronensaft verfeinern.

Den Grünkohl in reichlich Sonnenblumenöl ausbraten und auf einem Küchentuch abtropfen lassen.

Risotto auf einem Teller anrichten, jeweils eine halbe Burrata darauf geben, mit Pfeffer würzen und mit dem frittierten Grünkohl garnieren.

PASTA MIT GESCHMORTER KANINCHENSCHULTER

ALLA PUTTANESCA MIT CIMA DI RAPA

FÜR 4 PERSONEN

› 3 Schalotten
› 2 Knoblauchzehen
› etwas Olivenöl
› 6 EL Kapern
› 200 ml Rotwein
› 1 Zweig Rosmarin
› 1 Zweig Thymian
› 750 g geschälte Tomaten
› 200 ml Brühe
› 6 Kaninchenschultern
› 2 Bund Cima di Rapa (Stängelkohl)
› Salz
› 1 Bund Blattpetersilie
› frisch gemahlener schwarzer Pfeffer
› etwas Zucker
› 1 Paket frischer Fertig-Nudelteig
› 1 Eigelb
› 2 EL Kapern
› 2 EL Kalamata-Oliven ohne Kern
› 17 Sardellenfilets
› 20 Kirschtomaten
› 8 Kapernäpfel

ZUBEREITUNGSZEIT: 5 STUNDEN INKLUSIVE SCHMORZEIT

Schalotten und Knoblauch schälen, in feine Würfel schneiden und in einem Topf in etwas Olivenöl glasig anschwitzen. 4 EL Kapern hinzugeben und mit anschwitzen. Mit Rotwein ablöschen und einkochen lassen. Die Kräuter waschen, trocken tupfen, vom Stiel zupfen und fein hacken. Zusammen mit den geschälten Tomaten und der Brühe hinzugeben. Die Kaninchenschultern in den Sud geben und abgedeckt bei mittlerer Hitze circa 2 Stunden schmoren lassen.

Cima die Rapa putzen und schräg in Stücke schneiden. In einem Topf mit reichlich gesalzenem Wasser blanchieren, herausnehmen, in Eiswasser abschrecken und gut abtropfen lassen. Die Petersilie waschen, trocken tupfen, vom Stiel zupfen und in feine Streifen schneiden.

Die Kaninchenschultern aus dem Sud holen, vom Knochen lösen und mithilfe zweier Gabeln fein zerrupfen. Die Tomatensauce mixen und mit Salz, Pfeffer und Zucker abschmecken. Das Kaninchenfleisch mit wenig Tomatensauce vermengen.

Den Nudelteig ausrollen. Den Teig mit Eigelb bepinseln. Nun die vorbereitete Masse auf das untere Viertel des Teiges geben. Den Nudelteig nach innen um die Masse schlagen und nach oben einrollen, bis nur noch ½ cm übersteht. Die so entstandene Rolle zwischen Daumen und Zeigefinger in kleine Abschnitte zusammendrücken. Dabei das überstehende Ende nicht mit festdrücken. Die Abschnitte mit einem Messer oder einem Teigrädchen trennen. Die so entstandenen Agnolotti in reichlich gesalzenem Wasser gar kochen.

Die Tomatensauce in einen Topf geben, 2 EL Kapern, Oliven und 5 Sardellenfilets hinzugeben und für circa 8 Minuten köcheln lassen.

Etwas Olivenöl in einer Pfanne erhitzen. Die Kirschtomaten und Cima die Rapa anschwitzen, mit Salz, Pfeffer und Zucker würzen. 2 Kellen der Tomatensauce hinzugeben und kurz aufkochen lassen. Die Pasta hinzugeben, kurz durchschwenken und auf einem tiefen Teller anrichten. Mit Kapernäpfeln und frischen Sardellenfilets garnieren.

TIPP

Puttanesca ist für mich ein absolutes Universalrezept an Sauce, mir schmeckt's einfach mit allem: mit Nudeln oder Fleisch.

Die Geschichte beginnt mit Belsazar und Max' Suche nach einem Ort, um sein Produkt den Vertrieblern und Barkeepern vorzustellen. So fanden die kreativen Köpfe der Barszene ihren Weg immer wieder in den Spielweg. Was als Geschäftstreffen begann, entwickelte sich über drei Jahre hinweg zu einer Freundschaft, geprägt von wilden Partys und vielen Drinks. Max hat immer davon geträumt, etwas Eigenes zu machen. Nachdem er Belsazar verkauft hatte, wurde dieser Traum Wirklichkeit: Er gründete seine Sektmanufaktur. Und wie alles, was Max anpackt, geschieht das mit einer Hingabe, die man einfach lieben muss. Er geht völlig in seiner Arbeit auf, produziert alles selbst und das natürlich streng nachhaltig. Seine Leidenschaft für das Handwerk passt perfekt zu unserer Philosophie im Spielweg. Für mich zählt nicht nur das Produkt – ich muss den Menschen dahinter mögen, und das tue ich bei Max.

HEINZ WAGNER

DESSERTS

JOHANNES' SÜSSES REICH

Willkommen im Dessert-Paradies! Wir lieben Süßes und mit dem weltbesten Pâtissier verheiratet zu sein, hat wirklich sehr viele Vorteile. Eines unserer Lieblingsdesserts ist der Sticky Rice mit Thai-Mango. Das ist für uns eine kulinarische Reiseerinnerung aus und an Thailand. Diese simple, aber köstliche Kombination aus warmem Reis und kalter Mango bekommt man dort auf jedem Markt. Kein großes Gericht, aber genau so haben wir es in unser Herz geschlossen und ins Kochbuch aufgenommen. Und glaubt mir, der Geschmack ist unwiderstehlich.

Ach ja, und dann gibt es da noch den absolut unverzichtbaren Eierlikörkuchen von Johannes' Mama Beate – sie selbst kommt aus einer Gastwirtschaftsfamilie und hat Johannes die Kulinarik aus seiner fränkischen Heimat in die Wiege gelegt. Und ja – sie backt wirklich den besten Eierlikörkuchen der Welt. Er ist so gut, dass Johannes keinen anderen akzeptiert. Sollte jemand aus seiner Familie ohne diesen Kuchen im Spielweg aufkreuzen, ist die Welt einfach nicht mehr in Ordnung. Anfangs hat er den Kuchen übrigens wie ein Heiligtum nur für sich behalten. Ein Stückchen am Tag, um ihn besonders lang zu genießen, und die restliche Hälfte wurde eingefroren – für schlechte Tage und gegen miese Laune. Inzwischen bekomme ich auch etwas ab und wer lieb fragt, darf sicher auch mal probieren.

Das Rezept hier ist original – ich weiß, er wird wahrscheinlich trotzdem nicht so schmecken wie der von Johannes' Mama. Vielleicht benutzt sie doch noch eine Geheimzutat und am Ende sind es eben die schönen Erinnerungen, die man mit einem Gericht verbindet und die sich nur dann entfalten. Unsere Desserts sind kleine Herzensfreuden und ich hoffe, sie bereiten euch genauso viel Genuss wie uns.

STICKY RICE

MIT MANGO

FÜR 4 PERSONEN

FÜR DIE KOKOSMARINADE
- 600 ml Kokosmilch
- 50 g Palmzucker
- 50 g Zucker
- 2 Pandan-Blätter
- 1 Prise Salz

FÜR DEN REIS
- 200 g weißer Klebreis
- etwas Kokosmarinade (siehe Teilrezept)

FERTIGSTELLEN
- 1 EL gerösteter Sesam
- 2 Mangos

ZUBEREITUNGSZEIT: 1 STUNDE + 2 STUNDEN EINWEICHZEIT

KOKOSMARINADE

Alle Zutaten zusammen in einen Topf geben und zum Kochen bringen. Unter ständigem Köcheln auf die Hälfte der Flüssigkeit reduzieren lassen.

REIS

Den Reis unter kaltem fließendem Wasser waschen, bis nur noch klare Flüssigkeit zu sehen ist. Den Reis für 2 Stunden in kaltem Wasser einweichen, danach erneut abwaschen. Den Reis flach und gleichmäßig auf ein Passiertuch geben und in den Dämpfeinsatz des Dampfgarers oder Topfes legen, mit einem Deckel verschließen. Den Reis 8–10 Minuten dämpfen, dann mit etwas von der Kokosmarinade gleichmäßig und langsam übergießen – nur so viel, dass der Reis die Flüssigkeit auch aufnehmen kann. Den Reis erneut 8–10 Minuten dämpfen. Diesen Vorgang 3- bis 4-mal wiederholen, sodass der Reis insgesamt circa 30–35 Minuten dämpft.

Den fertig gedämpften Reis vom Herd nehmen und auskühlen lassen.

FERTIGSTELLEN

Die restliche Kokosmarinade zum Kochen bringen und so lange reduzieren, bis sie sämig und dickflüssig ist.

Den Sesam kurz anrösten.

Die Mangos schälen, vom Kern befreien und in Scheiben schneiden. Den Reis anrichten und mit etwas Marinade übergießen sowie mit geröstetem Sesam bestreuen.

SEKTKELLEREI

DER ZAUBER DES SEKTBERGS: EINE FREUNDSCHAFT MIT MAX WAGNER

Oben in St. Blasien, da gibt es eine ganz eigene Welt – die Sektmanufaktur Heinz Wagner. Was das mit uns und dem Spielweg zu tun hat? Es ist eine Geschichte über Freundschaft und die Magie, die entsteht, wenn Menschen ihre Leidenschaften teilen. Max Wagner hat etwas sehr Besonderes geschaffen, das es so in Deutschland nicht wirklich gibt: die höchstgelegene Sektkellerei des Landes. Dabei kommen die Trauben für seinen Sekt gar nicht aus den Bergen, sondern aus dem Markgräflerland. Dort pflegen befreundete Winzer ihre Reben und Max bringt sie hoch hinauf nach St. Blasien, wo sie in der Bergluft zu seinem außergewöhnlichen Sekt reifen. Max ist nicht nur der Kopf hinter dieser Sektmanufaktur, sondern auch Mitbegründer der Marke Belsazar – ein Wermut, der damals in Staufen abgefüllt wurde und heute in vielen Bars die Herzen von Aperitifliebhabern höherschlagen lässt. Doch wie kam es zu unserer Freundschaft?

HEINZ WAGNER

EIERLIKÖRKUCHEN

VON JOHANNES' MAMA

FÜR 4 PERSONEN

- 250 g zimmerwarme Butter
- 250 g Zucker
- 4 Eier
- 250 g Eierlikör
- 100 g Zartbitterkuvertüre, fein geraspelt
- 250 g Mehl (Weizenmehl Type 405)
- 1 Päckchen Backpulver

GLASUR

- 400 g Zartbitterkuvertüre

AUSSERDEM

- etwas Fett für die Backform

ZUBEREITUNGSZEIT: 1 STUNDE

Butter und Zucker schaumig schlagen. Die Eier nach und nach hinzugeben und kräftig unterrühren. Den Eierlikör nach und nach hinzugeben (nicht zu schnell, da sich die Masse sonst trennen kann). Die geraspelte Kuvertüre unterrühren. (Die Kuvertüre sollte fein geraspelt sein, da sie sonst während des Backens zu Boden sinkt und an der Backform haften bleibt.) Mehl und Backpulver miteinander vermengen, sieben und schnell unterheben.

Den Teig in eine gefettete Form geben und bei 160 °C circa 45 Minuten backen. (Mit der Stäbchenprobe prüfen, ob der Kuchen fertig gebacken ist.) Den Kuchen lauwarm stürzen. Den Kuchen komplett auskühlen lassen.

Die Kuvertüre fein hacken und 300 g über dem Wasserbad schmelzen. Herunternehmen und die restliche Kuvertüre dazugeben und auflösen lassen. Den Kuchen mit der Schokoladenglasur langsam und gleichmäßig bedecken. Die Schokolade anziehen lassen.

ETON MESS

MIT GEMISCHTEN BEEREN

FÜR 4 PERSONEN

FÜR DIE KEKSE

- › 115 g Butter
- › 1 Prise Salz
- › 180 g Rohrzucker
- › 1 Ei
- › 160 g Mehl (Weizenmehl Type 405)
- › 90 g Walnüsse
- › 180 g gehackte dunkle Schokolade

ZUM FERTIGSTELLEN

- › 600 g Schlagsahne
- › 2 Schalen gemischte Beeren (Himbeeren, Erdbeeren, Brombeeren, Johannisbeeren)
- › 4 Meringen (vom Bäcker oder aus dem Supermarkt)
- › 100 ml Erdbeersauce

ZUBEREITUNGSZEIT: 35 MINUTEN

KEKSE

Butter, Salz, Zucker und Ei miteinander vermengen. Mehl hinzugeben und kurz untermischen.

Walnüsse und gehackte Schokolade hinzugeben, kurz vermengen. Den noch weichen Teig zu Rollen formen und kalt stellen.

Die kalten Rollen in circa 5 mm dicke Scheiben schneiden und bei 150 °C (Umluft) im vorgeheizten Backofen circa 10–15 Minuten backen.

FERTIGSTELLEN

Die Sahne aufschlagen und zusammen mit den Beeren, einigen zerbröselten Keksen und gehackter Meringe in eine Schale geben. Währenddessen etwas von der Erdbeersauce hinzugeben, sodass die Sahne marmoriert wird.

Das fertige Dessert in kleinen Schalen anrichten und mit den restlichen Beeren und Keksen dekorieren.

ZITRONENSORBET

MIT WINZERSEKT

FÜR 4 PERSONEN

- 250 ml Wasser
- 250 g Zucker
- 50 g Glukosesirup
- 6 Bio-Zitronen (ergibt ca. 500 ml Zitronensaft sowie Zitronenzesten)
- 1 Flasche trockenen Winzersekt zum Aufgießen

ZUBEREITUNGSZEIT: 1 STUNDE INKLUSIVE GEFRIERZEIT

Wasser, Zucker und Glukosesirup in einem Topf aufkochen und beiseitestellen.

Die Zitronen waschen, von 4 Zitronen die Schale abreiben und alle Zitronen auspressen.

Alle Zutaten miteinander mischen – dabei einige Zesten zum Garnieren zurückbehalten – und kalt stellen.

Die kalte Sorbetmasse in einer Eismaschine gefrieren lassen.

Das fertige Sorbet in Sektschalen anrichten und mit dem Sekt auffüllen. Mit Zitronenzesten garnieren.

BIENENSTICH

FÜR 4 PERSONEN

FÜR DEN HEFETEIG
- 100 ml Milch
- ½ Würfel Hefe
- 200 g Mehl
- Salz
- 50 g Butter (zimmerwarm)
- 35 g Zucker

FÜR DIE MANDELKRUSTE
- 70 g Butter
- 70 g Zucker
- 50 ml Sahne
- 25 g Honig
- 70 g gehobelte Mandeln

FÜR DIE VANILLECREME
- 4 Eigelb
- 50 g Stärke
- 500 ml Milch
- 100 g Zucker
- Mark von 1 Vanilleschote
- 6 Blatt Gelatine
- 350 g Schlagsahne

AUSSERDEM
- Tortenring von 26 cm Durchmesser

ZUBEREITUNGSZEIT:
30 MINUTEN BACKZEIT
+ 40 RUHEZEIT
FÜR DEN HEFETEIG
INSGESAMT 2 STUNDEN

HEFETEIG
Für den Vorteig die Milch lauwarm erwärmen und die Hefe darin auflösen. 2–3 EL Mehl unterrühren und 20 Minuten gehen lassen. Das restliche Mehl und alle anderen Zutaten hinzugeben und 5 Minuten kneten. Den Teig ausrollen, in die gefettete Backform geben und kalt stellen.

MANDELKRUSTE
Butter, Zucker, Sahne und Honig aufkochen und leicht reduzieren lassen, bis die Masse leicht eindickt. Die Mandeln hinzugeben und lauwarm abkühlen lassen. Die Mandelmasse auf den kalten Teig streichen und 15–20 Minuten an einem warmen Ort gehen lassen.

FERTIGSTELLEN
Den Kuchen bei 160 °C in circa 25–30 Minuten goldbraun backen. Falls sich Luftblasen bilden sollten, diese mit einem kleinen Messer oder Zahnstocher aufstechen, da sonst die Mandelmasse verläuft.

Den fertig gebackenen Kuchen noch heiß aus der Form nehmen und abkühlen lassen. Dann in der Mitte horizontal halbieren. Den Boden in einen Tortenring legen und die obere Hälfte des Kuchens – den Deckel – in 12 gleich große Tortenstücke schneiden.

VANILLECREME
Eigelb, Stärke und 50 ml der Milch miteinander verrühren. Die restliche Milch mit dem Zucker und der ausgekratzten Vanille aufkochen. Die Eigelb-Stärke-Mischung unterrühren und unter ständigem Rühren aufkochen. Vom Herd nehmen, direkt mit Folie bedecken und kalt stellen.

Die kalte Creme mit dem Schneebesen oder der Küchenmaschine glatt rühren. Die Gelatine in kaltem Wasser einweichen, ausdrücken und vorsichtig leicht erwärmen. Ein paar Löffel der Creme in die aufgelöste Gelatine geben, dann zügig in die restliche Creme unterheben. Die Sahne aufschlagen und unterheben.

Die Creme auf dem Tortenboden verteilen und die vorgeschnittenen Mandelkruste-Stücke darauflegen.

JOHANNES

FUCHS *am Tisch*

EIN EINZIGES FEST

Was machen wir eigentlich, wenn wir freihaben? Wenn wir für Freunde oder die Familie ganz privat kochen? Was passiert an unseren Familientagen? Das sieht ungefähr so aus: ein langer Holztisch, der unter der Last leckerster Speisen fast zusammenbricht, alle sind da, die Kinder toben herum, der Hund springt dazwischen, es wird laut gelacht, viel geredet, getrunken und natürlich hervorragend gegessen. Genau so mag ich es. Genuss, locker, alle zusammen. Klingt romantisch, ist es auch und genau so laufen Familienzusammenkünfte bei uns ab. Dafür haben wir nun endlich auch das ideale Equipment gefunden – nämlich einen großen Feuerring (hier von der Marke Ofyr), der nicht einfach nur ein Grill, sondern eine Outdoor-Cooking-Station ist und wirklich richtig gut funktioniert.

Was mich nämlich beim klassischen Grillen immer so genervt hat, ist, dass der eine grillt, die anderen am Tisch sitzen und warten und dass es immer Fleisch, Würstchen, Salate und die üblichen Saucen gibt. Ich war nie ein großer Grillfan, aber mit dem Ofyr ist es anders, weil man draußen gemeinsam kocht. Wenn das Teil eine vernünftige Größe hat, können sich alle beteiligen. Man brutzelt gemeinsam und kann direkt von der Platte essen. Auch Töpfe kann man draufstellen und so im Kreis um den Ofyr herum kann man prima miteinander reden und hat wirklich viel Spaß.

Die Rezepte, die wir in dieses Kapitel genommen haben, sind deshalb auch easy und zum Teilen gedacht, wie ein ganzes Huhn, eine ganze Forelle, Naan- oder Pizzabrot, viel frisches Gemüse. Mise en place, also eine gute Vorbereitung, ist dabei alles, damit man nicht völlig gestresst und mit hängender Zunge in so ein Fest geht. Das wäre nun wirklich zu schade. Daher mein dringender Rat: am Donnerstag einkaufen, alles gut lagern, am Freitag vorbereiten und am Samstag um 15 Uhr anfangen.

Übrigens: Man wird es kaum glauben, aber auch im Regen kann man Spaß haben. Als wir dieses Kapitel geshootet haben, hat es nämlich wie aus Eimern geschüttet. Genau an diesem einen geplanten Wochenende. Wir mussten den Tisch mit Planen schützen und immer wenn es kurz aufgehört hat, mussten wir Gas geben. Wie man sieht – es ging. Alles eine Frage der Einstellung. Mit den richtigen Menschen kein Problem. An der Stelle noch mal danke, Vivi – es war sehr lustig. Ach ja, und wer keinen Feuerring hat oder stellen kann – natürlich geht das Ganze auch mit einem normalen Grill oder eben auch im Ofen. Am Ende geht es um das Zusammensein mit Menschen, die man lieb hat. Um die Gemeinschaft, die Zusammengehörigkeit, die Zeit, die man miteinander verbringt, und den Moment, den man bei gutem Essen, guten Gesprächen und mit ganz viel Lebensfreude genießt.

TOMATENSALAT

MIT BURRATA

FÜR 4 PERSONEN

- › 6 (gelbe) aromatische Tomaten
- › 4 Burrata
- › 1 Bund Basilikum
- › 1 Bund Majoran
- › Salz
- › frisch gemahlener schwarzer Pfeffer
- › 1 Prise Zucker
- › etwas Olivenöl
- › etwas Apfelessig

ZUBEREITUNGSZEIT: 20 MINUTEN

Die Tomaten waschen, den Strunk entfernen und in Scheiben schneiden. Die Burrata in Stücke teilen. Die Kräuter waschen, trocken tupfen und vom Stiel zupfen. Tomaten und die Burrata auf einem Teller anrichten, mit Salz, Pfeffer und 1 Prise Zucker würzen, mit Olivenöl und Apfelessig beträufeln und mit den Kräutern garnieren.

TIPP

Das A und O sind die Tomaten. Dieses Rezept bitte nur zur Tomatenzeit zubereiten und die Tomaten beim Bio-Bauern auf dem Markt kaufen oder selbst anbauen. Schöne Sorten hierfür sind zum Beispiel Ananastomaten, Ochsenherztomaten oder Brandywine.

Dieses Gericht sollte zimmerwarm serviert werden, da Tomaten und Burrata dann erst ihr komplettes Aroma entfalten. Bitte nicht direkt aus dem Kühlschrank auf den Tisch stellen.

GEGRILLTER KÜRBIS-KAROTTEN-FEIGEN-SALAT

MIT KARAMELLISIERTEN SONNENBLUMENKERNEN

FÜR 4 PERSONEN

- › 1 Hokkaidokürbis
- › 1 Bund bunte Karotten
- › 6 Feigen
- › 1 Zweig Rosmarin
- › 1 Bio-Zitrone
- › Salz
- › frisch gemahlener schwarzer Pfeffer
- › etwas Zucker
- › 150 g Sonnenblumenkerne
- › etwas Puderzucker
- › etwas Olivenöl

AUSSERDEM

- › etwas Öl für die Grillplatte

ZUBEREITUNGSZEIT: 25 MINUTEN

Den Kürbis waschen, halbieren, das Kerngehäuse entfernen und in Spalten schneiden. Die Karotten schälen und längs halbieren.

Die Feigen waschen und halbieren. Den Rosmarin waschen, vom Stiel zupfen und hacken. Die Zitrone halbieren.

Kürbis und Karotten auf die geölte Grillplatte oder den Rost geben, von allen Seiten her anbraten, mehrmals wenden, bis sie gar sind. Mit Salz, Pfeffer und 1 Prise Zucker würzen. Den gehackten Rosmarin hinzugeben und mit Zitronensaft marinieren. Die Feigen hinzugeben und auf der Schnittfläche anbraten.

Die Sonnenblumenkerne auf die geölte Grillplatte oder in eine gusseiserne Pfanne geben und unter ständiger Bewegung rösten. Mit etwas Wasser beträufeln, mit Puderzucker bestäuben und karamellisieren lassen.

Karotten, Kürbis und Feigen vermengen, nachwürzen, mit Olivenöl und Sonnenblumenkernen servieren.

TIPP

Dieser Salat schmeckt sowohl lauwarm als auch kalt hervorragend. Er passt zu jeglichem Grillgut. Ich persönlich esse ihn gern zu Fisch.

NAANBROT

MIT BABA GHANOUSH

FÜR 4 PERSONEN

FÜR DAS NAAN
- 500 g Pizzamehl
- 5 g frische Hefe
- 225 ml Wasser
- 112 ml kaltes Wasser
- 16 g Meersalz

FÜR DAS BABA GHANOUSH
- 2 Auberginen
- 4 Knoblauchzehen
- 8 Stängel Blattpetersilie
- 1 EL gerösteter Sesam
- 1 TL Sesamöl
- etwas Olivenöl
- 1 TL Kreuzkümmel
- Salz
- frisch gemahlener schwarzer Pfeffer
- 1 Chilischote
- etwas Sesam

AUSSERDEM
- etwas Öl für die Grillplatte

ZUBEREITUNGSZEIT: 20 MINUTEN
RUHEZEIT: 4 STUNDEN

NAAN

Das Mehl in einen Behälter füllen. Die Hefe in 225 ml Wasser auflösen und über das Mehl gießen. Den Behälter verschließen und das Mehl mit dem Wasser-Hefe-Gemisch allein durch das Rütteln des Behälters vermengen. Über Nacht kalt stellen.

Am nächsten Tag den Teig in eine Schüssel geben und unter Kneten schluckweise 100 ml kaltes Wasser hinzugeben. 12 ml kaltes Wasser mit 16 g Meersalz mischen und ebenfalls unter Kneten hinzugeben, so lange weiterkneten, bis der Teig die Flüssigkeit komplett absorbiert hat. Den Teig zu Kugeln formen und 4 Stunden bei Zimmertemperatur ruhen lassen.

BABA GHANOUSH

Die Auberginen und den Knoblauch auf einen Spieß stecken oder auf einen Grillrost legen und überm Feuer schmoren lassen. Die Petersilie waschen, trocken tupfen und vom Stiel zupfen.

Die fertig gegarten Auberginen und den Knoblauch vom Spieß nehmen, die Aubergine halbieren und die Schale abziehen. Den Knoblauch aus der Schale drücken. Beides zusammen mit geröstetem Sesam, Sesamöl, Olivenöl und Petersilie gut durchhacken. Mit Kreuzkümmel, Salz und Pfeffer abschmecken. Die Chilischote in Ringe schneiden.

Aus den Teigkugeln Fladenbrote formen. Diese auf eine geölte, heiße Grillplatte legen oder in eine gusseiserne Pfanne auf dem offenen Grill kurz anbraten und umdrehen, mit Olivenöl beträufeln und mit Sesam bestreuen.

ROTE-BETE-GRÜNKOHL-SALAT

MIT GEGRILLTEM ENTRECÔTE UND WILDSCHWEINBAUCH

FÜR 4 PERSONEN

- 300 g Wildschweinbauch oder Schweinebauch
- Salz
- 300 g Entrecôte
- 2 große Knollen Rote Bete
- 1 Beutel Grünkohl (ca. 250 g)
- etwas Sonnenblumenöl
- 20 g Butter
- 4 EL Austernsauce, eventuell noch etwas mehr
- frisch gemahlener schwarzer Pfeffer
- 1 Prise Zucker

ZUBEREITUNGSZEIT: 25 MINUTEN

Den Wildschweinbauch in dünne Streifen schneiden und salzen.

Das Entrecôte in circa 2 cm dicke Steaks schneiden, diese dann in Streifen schneiden. Die Streifen grillen. Wer keine Grillplatte hat, kann das Fleisch auch im ganzen Steak auf dem Grillrost braten und danach aufschneiden.

Die Rote-Bete-Knollen waschen und aufspießen, über dem Feuer garen. Alternativ auf einen Grillrost geben. Wenn die Schale verbrennt, ist dies überhaupt nicht schlimm, da die Haut später abgenommen wird. Sollte die Hitze zu groß sein, die Beten in Alufolie wickeln. Den Grünkohl putzen, dabei die einzelnen Blätter klein zupfen, gut waschen und trocken schleudern.

Die gegarte Rote Bete schälen und in Streifen schneiden. Die geschnittene Rote Bete zusammen mit dem Grünkohl in etwas Sonnenblumenöl anbraten und mit 1 kleinen Schluck Wasser ablöschen, um den Grünkohl etwas anzugaren. Am Ende mit 1 Flocke Butter und 1 EL Austernsauce vermengen.

Den geschnittenen Wildschweinbauch in etwas Sonnenblumenöl kross anbraten. Dies dauert circa 5–8 Minuten. Auf ein Tuch geben und das überschüssige Fett abtropfen lassen.

Das Entrecôte ebenfalls in etwas Sonnenblumenöl kurz und scharf anbraten. Dies darf in der Mitte allerdings noch medium sein. Mit 3 EL Austernsauce und Butter kurz vor Ende der Garzeit marinieren.

Alles zusammengeben und mit Salz, Pfeffer, 1 Prise Zucker und gegebenenfalls noch etwas Austernsauce abschmecken.

TIPP
Wir marinieren das Entrecôte mit der Austernsauce und nicht den Schweinebauch, da dieser sonst nicht richtig kross wird. Außerdem schmeckt es besser, wenn das Entrecote einmal richtig mit Butter und Austernsauce erhitzt wird.

Mit diesem Rezept möchte ich zeigen, dass man gut mehrere Fleischsorten oder auch unterschiedliche Fleischteile zusammen verarbeiten kann. Der Schweinebauch bringt eine richtig schöne, salzige Knusprigkeit mit und das Entrecôte die schöne Textur von medium gegartem Fleisch.

REHKOTELETTS

MIT GREMOLATA UND FALSCHEN BRÄGELE

FÜR 4 PERSONEN

FÜR DIE GREMOLATA
- 2 Bio-Zitronen
- 2 Knoblauchzehen
- 1 Bund Blattpetersilie
- Olivenöl
- frisch gemahlener schwarzer Pfeffer

FÜR DIE FALSCHEN BRÄGELE
- 2 Zweige Rosmarin
- 4 Zweige Thymian
- 16 kleine vorwiegend festkochende Kartoffeln
- Salz
- Fleur de Sel
- frisch gemahlener schwarzer Pfeffer

FÜR DAS FLEISCH
- 16 Rehkoteletts
- Salz
- frisch gemahlener schwarzer Pfeffer
- etwas Sonnenblumenöl

AUSSERDEM
- etwas Öl für die Grillplatte

ZUBEREITUNGSZEIT: 1 STUNDE

GREMOLATA
Die Zitronen heiß abwaschen, trocken reiben und die Schale fein abreiben. Den Knoblauch schälen.

Die Petersilie waschen, trocken tupfen und mit etwas Olivenöl, Zitronenschale und Knoblauch auf einem Brett sehr fein hacken, bis das Öl sich grün färbt und eine schöne Paste entsteht. Mit Pfeffer würzen.

FALSCHE BRÄGELE
Rosmarin und Thymian waschen, trocken tupfen und fein hacken.

Die Kartoffeln in einem feuerfesten Topf auf der Grillplatte in reichlich gesalzenem Wasser gar kochen.

Die gar gekochten Kartoffeln abgießen und auf die geölte Grillplatte geben. Mit einem Plattiereisen oder einem schweren Topf platt drücken. Von beiden Seiten anbraten und mit Fleur de Sel, Pfeffer und den gehackten Kräutern würzen.

FLEISCH
Die Koteletts putzen, mit Salz und Pfeffer würzen und auf der Grillplatte in etwas Sonnenblumenöl von beiden Seiten jeweils 1 Minute lang anbraten.

FERTIGSTELLEN
Das Fleisch mit Gremolata bestreichen und servieren.

TIPP
Die Kartoffeln kann man auch in einem Topf auf dem Herd kochen. Dies kann man gut auch schon am Vortag erledigen oder übrig gebliebene Kartoffeln nehmen.

IM GANZEN GEGRILLTE FORELLE

MIT MEERRETTICH

FÜR 4 PERSONEN

FÜR DIE FORELLE
- 4 ganze Forellen
- Salz
- frisch gemahlener schwarzer Pfeffer
- 8 Zweige Thymian

FÜR DEN QUARK
- 1 Bund Petersilie
- 1 Bund Schnittlauch
- 2 Bio-Zitronen
- 500 g Quark
- etwas Olivenöl
- etwas frischer Meerrettich

ZUBEREITUNGSZEIT: 45 MINUTEN

FORELLE
Die Forellen unter kaltem Wasser von innen und außen gut abwaschen und trocken tupfen. Mit Salz und Pfeffer würzen und jeweils 2 Zweige Thymian hineinlegen.

Die Forellen aufspießen und über das Feuer hängen, alternativ in einer Fischgrillzange oder direkt auf dem Grillrost über dem Grill zubereiten.

QUARK
Die Petersilie und den Schnittlauch waschen, trocken tupfen und in feine Streifen beziehungsweise Ringe schneiden.

1 Zitrone halbieren und den Saft herauspressen. Die andere Zitrone in Spalten schneiden. Die Petersilie mit Quark, Zitronensaft und etwas Olivenöl vermengen und mit Salz und Pfeffer abschmecken.

Den Meerrettich schälen und fein reiben.

TIPP
Der Fisch ist gar, sobald sich die kleine Flosse zwischen Rücken und Schwanzflosse leicht lösen lässt.

TACOS

MIT GEBRATENEM KABELJAU, KÜRBIS, ROTEN ZWIEBELN UND KORIANDER

FÜR 4 PERSONEN

- ¼ Hokkaidokürbis
- Salz
- frisch gemahlener schwarzer Pfeffer
- etwas Sonnenblumenöl
- 200 g Kabeljau
- 2 rote Zwiebeln
- etwas Apfelessig
- 1 Bund Koriander
- 16 Soft-Mais-Tacos

FÜR DIE GUACAMOLE

- 2 Avocados
- 2 Knoblauchzehen
- Salz
- frisch gemahlener schwarzer Pfeffer
- etwas Saft von 1 Bio-Limette

ZUBEREITUNGSZEIT: 25 MINUTEN

Den Kürbis in Scheiben schneiden, mit Salz und Pfeffer würzen und auf der Grillplatte mit etwas Sonnenblumenöl langsam von beiden Seiten anbraten.

Den Kabeljau in Würfel schneiden.

Die roten Zwiebeln schälen, halbieren und in feine halbe Ringe schneiden. Diese auf der Grillplatte oder in einer gusseisernen Pfanne in etwas Sonnenblumenöl anbraten und mit Essig ablöschen.

Den Koriander waschen, trocken tupfen und vom Stiel zupfen. Den gegarten Kürbis würfeln.

Den Fisch in etwas Sonnenblumenöl auf der heißen Grillplatte kurz anbraten, mit Kürbis und Zwiebeln vermengen und mit Salz und Pfeffer abschmecken.

GUACAMOLE

Die Avocados halbieren, den Kern entfernen, das Fruchtfleisch aus der Schale holen und grob hacken. Den Knoblauch pellen, fein hacken und zu der Avocado geben. Mit Salz, Pfeffer und etwas Limettensaft abschmecken.

FERTIGSTELLEN

Die Tacos auf der Grillplatte erwärmen und füllen. Mit Koriander garnieren und mit Guacamole servieren.

TIPP

Dieses Rezept zeigt, dass es zum Grillen nicht immer nur einen »Grillmeister« braucht, der sich um das Grillgut kümmert. Kleinigkeiten wie Tacos oder Wraps sind eine herrliche Art, zusammen am Grill zu stehen und gemeinsam einen Snack zu genießen. Dies bringt ein gewisses Miteinander, das sich beim Grillen so selten ergibt, denn hier kann sich jeder beteiligen und seinen Taco ganz nach Belieben füllen.

ZITRONEN-THYMIAN-HÜHNCHEN

FÜR 4 PERSONEN

- 2 Hühner (Freiland, Label Rouge)
- 4 Bio-Zitronen
- 4 Knoblauchzehen
- 4 Zweige Thymian
- 2 Zweige Rosmarin
- etwas Olivenöl
- Salz
- frisch gemahlener schwarzer Pfeffer

ZUBEREITUNGSZEIT:
3 STUNDEN GARZEIT + 35 MINUTEN VORBEREITUNGSZEIT

Die Hühner unter kaltem Wasser waschen und gut abtupfen. Die Zitronen klein schneiden. Den Knoblauch schälen und ebenfalls klein schneiden. Die Kräuter waschen.

Zitronen, Knoblauch und Kräuter in eine Schale geben und mit Olivenöl vermengen.

Die Hühner mit Salz und Pfeffer würzen und mit der Zitronen-Knoblauch-Kräuter-Mischung füllen.

Die gefüllten Hühner aufspießen und über dem Feuer circa 3–4 Stunden lang garen lassen. Sobald sich der Schenkel leicht lösen lässt, ist das Huhn gar.

TIPP

Wer keinen Grillhähnchenspieß hat, kann das Huhn auch super im Kugelgrill garen. In diesem Fall mit indirekter Hitze arbeiten. Die Qualität der Hühner ist hier absolut ausschlaggebend. Dazu empfehle ich einen Tomatensalat (Rezept auf Seite 190) und einen Kräuterquark (Rezept auf Seite 100).

VEGETARISCHE DIM SUM

FÜR 4 PERSONEN

FÜR DIE FÜLLUNG

- › 1 Karotte
- › 1 cm frischer Ingwer
- › 1 Schalotte
- › 1 Päckchen Zuckerschoten
- › 300 g Champignons oder andere Pilze wie z. B. Shiitake oder Austernpilze
- › 1 Bund Minze
- › 1 Bund Koriander
- › etwas Sonnenblumenöl
- › 50 g Glasnudeln
- › Sojasauce
- › Sesamöl
- › 50 g gerösteter Sesam
- › 2 EL Austernsauce
- › Chiliflocken

ZUM FERTIGSTELLEN

- › 16 Stücke Dim-Sum-Teig
- › 1 Eiweiß
- › etwas Öl zum Dämpfen

ZUBEREITUNGSZEIT: 45 MINUTEN

FÜLLUNG

Karotte und Ingwer schälen und fein raspeln. Die Schalotte schälen und in feine Würfel schneiden. Die Zuckerschoten und Champignons klein schneiden. Die Kräuter waschen, trocken tupfen und vom Stiel zupfen.

Das geschnittene Gemüse in einer heißen Pfanne mit etwas Sonnenblumenöl glasig anschwitzen.

Die Glasnudeln nach Anleitung zubereiten, gut abtropfen lassen und fein hacken. Das Gemüse mit den Glasnudeln und den Kräutern vermengen. Mit Sojasauce, Sesamöl, Sesam, Austernsauce und Chiliflocken abschmecken. Die Masse abkühlen lassen, auf ein Brett geben und grob durchhacken.

FERTIGSTELLEN

Den Dim-Sum-Teig auf die Arbeitsfläche legen und den Rand leicht mit Eiweiß bepinseln. Circa 20 g der Füllmasse auf jeden Teig verteilen und diesen zur Hälfte zusammenklappen, sodass ein Halbmond entsteht.

Die gefüllten Teigtaschen aufstellen, damit sie einen festen Stand bekommen. Nun die Dim Sum in einen eingeölten Dampfeinsatz geben und für 4–6 Minuten dämpfen.

TIPPS

Wer keine frischen Shiitakepilze bekommt, kann getrocknete Shiitakepilze verwenden, die es in jedem Asia-Markt gibt, diese muss man nur vor Gebrauch in Wasser einweichen. Ihr Aroma ist besonders kräftig. Nach dem Einweichen können sie wie frische Pilze verarbeitet werden.

Für Suppen oder Saucenansätze kann man sogar das Wasser, in dem man die Pilze eingeweicht hat, mitverarbeiten.

Die Dim Sum lassen sich super vorbereiten und können beim Anheizen des Grills gleich als Erstes als kleiner Start serviert werden.

KLEINE PANCAKES

MIT KARAMELLISIERTEN ÄPFELN UND BLAUBEERKOMPOTT

FÜR 4 PERSONEN

- 2 Eier
- 40 g Zucker + etwas mehr zum Karamellisieren
- 100 g Quark
- 20 ml Milch
- 1 EL Rum
- Mark von ½ Vanilleschote
- 50 g Mehl (Weizenmehl Type 405)
- 2 Äpfel
- 100 ml Calvados
- 50 ml Rotwein
- 2 Schalen frische Blaubeeren
- etwas Speisestärke
- etwas Butterschmalz

ZUBEREITUNGSZEIT: 35 MINUTEN

Die Eier trennen. Das Eiweiß mit dem Zucker schaumig schlagen. Das Eigelb mit Quark, Milch, Rum und dem aus der Schote gekratzten Vanillemark vermengen. Das schaumige Eiweiß untermischen. Das Mehl hineinsieben und vorsichtig unterheben.

Die Äpfel schälen und in Spalten schneiden. In einer heißen Pfanne etwas Zucker karamellisieren, mit Calvados ablöschen und die Apfelspalten hineingeben. Kurz köcheln lassen.

In einer anderen Pfanne ebenfalls Zucker karamellisieren lassen, mit Rotwein ablöschen und die Beeren kurz darin aufkochen. Mit etwas Speisestärke abbinden.

Die Pancakes in einer Pfanne mit etwas Butterschmalz ausbacken.

GRUNDREZEPTE

GNOCCHI

FÜR 4 PERSONEN

- 500 g Pellkartoffeln vom Vortag
- 150 g Weizenmehl (Type 405)
- 1 Ei
- 1 Eigelb
- Salz
- Pfeffer
- Muskatnuss
- 1 TL gehackter Thymian
- 1 TL gehackter Rosmarin
- 2 EL Butter

ZUBEREITUNGSZEIT: 35 MINUTEN

Für die Gnocchi die Kartoffeln schälen und durch eine Kartoffelpresse drücken. Mit Mehl, Ei und Eigelb zu einem geschmeidigen Teig verarbeiten. Mit Salz, Pfeffer und frisch geriebener Muskatnuss würzen. Die gehackten Kräuter dazugeben. Auf einer mit Mehl bestäubten Arbeitsfläche zu gleichmäßigen Strängen rollen und mit einer Teigkarte in gleich große Stücke teilen. Die Teile in der Hand zu einer Kugel formen und sie dann mithilfe eines Gnocchi-Bretts abdrehen. Wer kein Gnocchi-Brett hat, nimmt eine Gabel und drückt von oben einmal vorsichtig in die Kugel rein.

Die fertigen Gnocchi in reichlich kochendem Salzwasser circa 5 Minuten garen, bis sie an die Oberfläche steigen. Mit einer Schaumkelle herausnehmen, in Eiswasser abschrecken und gut abtropfen lassen. Die abgetropften Gnocchi in aufgeschäumter Butter kurz anbraten, leicht salzen und sofort servieren.

SPÄTZLE

FÜR 4 PERSONEN

- 200 g Spätzlemehl (Weizenmehl Type 405)
- 50 ml Mineralwasser
- 3 Eier
- Salz
- frisch geriebene Muskatnuss
- 40 g Butter

ZUBEREITUNGSZEIT: 25 MINUTEN

Spätzlemehl, Mineralwasser, Eier, etwas Salz und 1 Prise frisch geriebene Muskatnuss zu einem glatten Teig verrühren. Dann den Teig so lange mit einem Kochlöffel schlagen, bis er Blasen wirft.

Reichlich Salzwasser in einem Topf zum Kochen bringen. Den Teig portionsweise auf ein Spätzle-Brett streichen, in das kochende Wasser schaben und je nach Größe circa 2–3 Minuten garen. Die Spätzle sind fertig, wenn sie an die Wasseroberfläche steigen.

Die Spätzle mit einer Schaumkelle herausnehmen, in Eiswasser abschrecken und gut abtropfen lassen, sonst kleben sie später in der Pfanne. Butter in einer Pfanne zum Schmelzen bringen und die Spätzle darin heiß schwenken. Mit Salz und frisch geriebener Muskatnuss abschmecken.

SCHUPFNUDELN

FÜR 4 PERSONEN

- 500 g Pellkartoffeln vom Vortag
- 150 g Weizenmehl (Type 405) + etwas mehr zum Bearbeiten
- 1 Ei
- 1 Eigelb
- Salz
- frisch gemahlener schwarzer Pfeffer
- frisch geriebene Muskatnuss
- 2 EL Butter

ZUBEREITUNGSZEIT:
1 STUNDE

Für die Schupfnudeln die Kartoffeln schälen und durch eine Kartoffelpresse drücken. Mit Mehl, Ei und Eigelb zu einem geschmeidigen Teig verarbeiten. Mit Salz, Pfeffer und frisch geriebener Muskatnuss würzen.

Auf einer mit Mehl bestäubten Arbeitsfläche zu gleichmäßigen Strängen rollen und mit einer Teigkarte in gleich große Stücke teilen. Die Stücke »schupfen«, das heißt: zwischen den Handinnenflächen rollen.

Die fertigen Schupfnudeln in reichlich kochendem Salzwasser circa 5 Minuten garen, bis sie an die Oberfläche steigen. Mit einer Schaumkelle herausnehmen, in Eiswasser abschrecken und gut abtropfen lassen. Die abgetropften Schupfnudeln in aufgeschäumter Butter kurz anbraten, leicht salzen und sofort servieren.

NUDELTEIG

FÜR 4 PERSONEN

- 300 g Semola-Nudelgrieß (Hartweizengrieß)
- 200 g Farina-Nudelmehl (Type 00)
- 5 Eier
- 2 EL Olivenöl
- Salz

ZUBEREITUNGSZEIT:
25 MINUTEN +
30 MINUTEN RUHEZEIT

Alle Zutaten zu einem glatten Teig vermengen. In Folie einwickeln und mindestens 30 Minuten ruhen lassen.

PESTO

FÜR 1 EINMACHGLAS

- 3 Bund Rucola oder Basilikum oder Petersilie
- 20 g Pinienkerne
- 1 Stück Parmesan (ca. 30 g)
- ca. 20 ml Sonnenblumenöl
- ca. 20 ml Olivenöl
- Salz
- frisch gemahlener schwarzer Pfeffer

ZUBEREITUNGSZEIT: 20 MINUTEN

Den Rucola, das Basilikum oder die Petersilie waschen und trocken tupfen.

Die Pinienkerne im Ofen bei 160°C 10 Minuten rösten und auskühlen lassen.

20 g Parmesan reiben.

Zwei Drittel der Kräuter, Pinienkerne und Parmesan in einen Mixer geben. 20 ml Sonnenblumenöl hinzugeben und fein mixen. Danach 20 ml Olivenöl hinzugeben, mit Salz und Pfeffer abschmecken.

Das fertige Pesto in ein sauberes Einmachglas geben.

WILDFOND

FÜR 1,5 LITER

- 1 Tomate
- 5 kg klein gehackte Wildknochen und Fleischreste
- 5 EL Sonnenblumenöl
- 1 kg gewürfeltes Wurzelgemüse
- 5 EL Tomatenmark
- 1 l Rotwein
- 3 Knoblauchzehen
- 10 Lorbeerblätter
- 5 Nelken
- 20 Wacholderbeeren
- 5 Stängel Petersilie
- Salz,
- frisch gemahlener weißer Pfeffer

ZUBEREITUNGSZEIT: 3 STUNDEN

Die Tomate waschen, den Stielansatz entfernen und würfeln. Die Knochen und Fleischreste in einem großen Bräter in etwas Sonnenblumenöl anbraten. Wenn sie gut gebräunt sind, das Wurzelgemüse sowie die Tomatenwürfel zugeben und rösten. Nach 10 Minuten das Tomatenmark zugeben und mitrösten. Mit 1 l Rotwein ablöschen. Die Knoblauchzehen zerdrücken und mit den Gewürzen und der Petersilie zugeben. Mit so viel Wasser auffüllen, dass die Knochen gut bedeckt sind. Mit Salz und Pfeffer würzen. Mindestens 3 Stunden köcheln lassen.

Den Fond mit den Knochen auskühlen lassen, damit das enthaltene Kollagen (Gelatine) aus den Knochen in den Fond übergeht. Passieren, kalt stellen und das kalte Fett von der Oberfläche entfernen.

WILDJUS

FÜR 1 LITER

- 5 Schalotten
- 3 EL Sonnenblumenöl
- 500 ml Rotwein
- 125 ml Portwein
- 2 l Wildfond
- 5 Wacholderbeeren
- 3 Lorbeerblätter
- 1 Zweig Thymian
- 1 Zweig Rosmarin
- 4 cl Gin

ZUBEREITUNGSZEIT:
1–2 STUNDEN

Die Schalotten schälen, fein würfeln und in einem großen Topf in Öl anschwitzen. Rotwein und Portwein zugießen und vollständig reduzieren. Mit Wildfond auffüllen und auf die Hälfte reduzieren. Kurz vor Schluss mit Wacholderbeeren, Lorbeer, Thymian, Rosmarin und etwas Gin abschmecken. Anschließend passieren.

MAYONNAISE

- 1 Eigelb
- 1 EL mittelscharfer Senf
- 250 ml neutrales Öl (Sonnenblumen- oder Rapsöl)
- Salz
- frisch gemahlener schwarzer Pfeffer

ZUBEREITUNGSZEIT:
10 MINUTEN

Alle Zutaten müssen dieselbe Temperatur haben, am besten zimmerwarm.

Das Eigelb zusammen mit dem Senf in eine Schüssel geben. Mit einem Schneebesen gut vermengen und das Öl sehr langsam und unter ständigem Rühren hinzugeben, bis eine Bindung entsteht. Mit Salz und Pfeffer abschmecken.

Wenn die Mayonnaise nicht bindet, kann man einen neuen Ansatz machen, hierfür wieder 1 Eigelb zusammen mit dem Senf in eine Schüssel geben und mit einem Schneebesen gut vermengen. Nun die nicht gebundene Mayonnaise langsam und unter ständigem Rühren hinzugeben. Ist die Mayonnaise zu fest geworden, kann man sie mit Brühe oder Wasser verdünnen.

Die Mayonnaise kann man auch gut in einem Mixer herstellen. Hierbei aber je nach Größe des Mixers darauf achten, gegebenenfalls die doppelte Menge zu verwenden.

Die Herstellung gelingt auch mithilfe eines Stabmixers. Hierfür einfach Eigelb und Senf in ein hohes Gefäß geben, das Öl hinzugeben und den Stabmixer unter ständigem Mixen von unten nach oben ziehen.

Das Grundrezept bietet eine Vorlage für eine Vielzahl von Abwandlungen.

DANK

In all den Texten und Geschichten findet man meinen ganzen Dank, der den Menschen gilt, die um mich sind und mir täglich zur Seite stehen. All diese Menschen haben einen Platz in diesem Buch gefunden. Jenseits meines täglichen Lebens gibt es aber noch ein paar wichtige Personen, die ganz maßgeblich an diesem Buch mitgewirkt haben und auch sie bekommen hier einen Platz.

Das Kochbuchteam beim Shooting bestand immer aus Johannes, Lisa, Vivi und mir! Ohne euch drei gäbe es dieses zweite wunderbare Buch nicht! Vivi hat mit Johannes in der Kälte gestanden und im Schnee Bilder in Turnschuhen geschossen, Lisa hat mitgeschrieben und ist für alle Rezepte verantwortlich! Wir waren ein echtes Dreamteam und mit den Erfahrungen aus dem ersten Buch vielleicht auch ein wenig routinierter.

Liebe Vivi – Deine Bilder machen dieses Buch erst so besonders! Du weißt ganz genau, wie der Spielweg tickt und du kannst ihn mit deinen wunderschönen Bildern erzählen. Abgesehen davon gehörst du mittlerweile zur Familie, was mich sehr glücklich macht.

Liebe Antonia, unsere Verabredung zum Texteschreiben fiel leider wegen der doch früheren Geburt meiner Tochter aus! Trotzdem haben wir es wie immer mit einem Treffen und 1000 Stunden Sprachaufzeichnungen geschafft. Danke für diese wundervollen Texte und deinen Rat bei jeder Frage.

Dem ganzen Team von The Chef' Stories. Wir arbeiten seit vielen Jahren wunderbar zusammen, Lars hat es da auch nicht immer einfach. Deshalb hier noch einmal danke für die gesamte Zeit und auch die Hilfe bei diesem Buch.

Dem Südwest Verlag mit Harry und seinem Team! Unser zweites Buch ist fertig und ich bin sehr happy! Es ist immer eine tolle Zusammenarbeit auf Augenhöhe und auch wenn es zum Schluss doch noch stressig wird – es funktioniert.

Steffen und Tobi von OH, JA! für eure Geduld, wenn ich am Ende doch nochmal alles umstelle und ändere. Ich bin sehr dankbar für eure Flexibilität und den Raum, den ihr mir als Autorin gegeben habt.

Und last not least – mein großer Dank geht an meinen Mann Johannes, denn Familie ist und bleibt das Wichtigste im Leben! Danke!

IMPRESSUM

Bildnachweis: Sämtliche Fotos sind von Vivi D'Angelo, www.vividangelo.com

Projektleitung: Dr. Harald Kämmerer, Susanne Schmutterer

Textbegleitung und Koordination: Antonia Wien, www.antoniawien.de

Projektinitiative: The Chefs` Stories GmbH, Hamburg

Cover, Layout, DTP, Satz: OH, JA! München

Textredaktion: Susanne Schneider

Herstellung: Timo Wenda

Reproduktion: Mohn Media Mohndruck GmbH, Gütersloh

Druck und Verarbeitung: Firmengruppe APPL, aprinta druck, Wemding

Printed in Germany

FSC www.fsc.org MIX Papier | Fördert gute Waldnutzung FSC® C004592

Penguin Random House Verlagsgruppe FSC® N001967

ISBN: 978-3-517-10277-1

www.suedwest-verlag.de